北宋　郭熙　秋山行旅图

元　赵孟頫　鹊华秋色图（局部）

唐　韩幹　照夜白图

元　赵孟頫　二羊图

五代　董源　潇湘图（局部）

元　王蒙　夏日山居图

元　吴镇　墨竹坡石图

唐　阎立本　孔子弟子像（局部）

唐　周昉　簪花仕女图（局部）

清 袁耀 汉宫秋月图

南宋　李嵩　骷髅幻戏图

元　张渥　九歌图（局部）

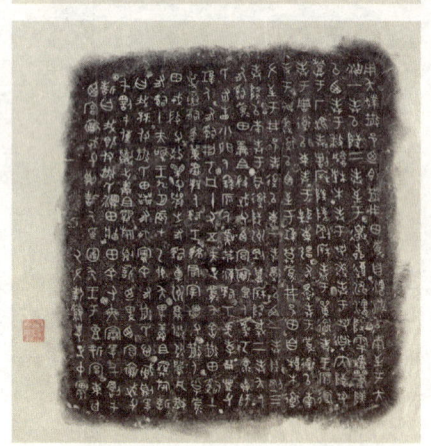

西周　散氏盘及铭文

甘陵相碑　拓本（局部）

南华真经　宋刻本

楚辞集注　宋端平刻本

趙張司馬　西漢

白水弋丞　西漢

離丞之印　西漢

納功勇校丞　西漢

衛邑圍印　西漢

右右淳殷　西漢

中司馬印　西漢

南郡候印　西漢

宣曲喪事　西漢

滇王之印　西漢

軍市之印　西漢

騎千人丞　西漢

宜官内財　漢

楊翊日泉千万　漢

司馬騆大利　漢

軍候之印　西漢

都候丞印　西漢

募五百將　西漢

汉代官印

北宋　黄庭坚　松风阁诗贴（局部）

松風閣

依山築閣見平
川夜闌箕斗插
屋椽我來名之
意適然老松魁
梧數百年斧
斤所赦今參天
風鳴媧皇五十

清　王翚　秋树昏鸦图

王國維

美学三境

王国维 著

古吴轩出版社

图书在版编目（CIP）数据

美学三境 / 王国维著. -- 苏州：古吴轩出版社，2022.6
　ISBN 978-7-5546-1692-5

Ⅰ.①美… Ⅱ.①王… Ⅲ.①美学－研究 Ⅳ.①B83

中国版本图书馆CIP数据核字(2021)第000186号

责任编辑：李　倩
策　　划：马识程
装帧设计：安　宁

书　　名	美学三境
著　　者	王国维
出版发行	古吴轩出版社
	地址：苏州市八达街118号苏州新闻大厦30F
	电话：0512-65233679　　邮编：215123
印　　刷	天津图文方嘉印刷有限公司
开　　本	880mm×1230mm　1/32
印　　张	9
字　　数	170千字
版　　次	2022年6月第1版　第1次印刷
书　　号	ISBN 978-7-5546-1692-5
定　　价	58.00元

如发现印装质量问题，影响阅读，请与印刷厂联系调换。010-84483866

目录

第一编　人间嗜好，大美无言

论哲学家与美术家之天职　·002

古雅之在美学上之位置　·006

人间嗜好之研究　·012

文学小言　·017

与罗振玉论艺书　·024

读书小言　·033

哲学辨惑　·047

释理　·052

原命　·069

第二编　　心有猛虎，细嗅蔷薇

孔子之美育主义	·076
屈子文学之精神	·080
国朝汉学派戴阮二家之哲学说	·085
希腊大哲学家柏拉图传	·095
德国哲学大家汗德传	·100
叔本华与尼采	·103

第三编　　翰墨丹青，古雅神韵

《红楼梦》评论	·122
宋元戏曲考（节选）	·151
唐写本残小说跋	·176
《中国名画集》序	·178
《待时轩仿古钤印谱》序	·181
此君轩记	·183
沈乙庵先生绝笔楹联跋（壬戌）	·185
梁虞思美造象跋	·186
甘陵相碑跋	·187

第四编　　蓦然回首，灯火阑珊

人间词话定稿　　　　　　　　· 190

人间词话删稿　　　　　　　　· 209

人间词话附录　　　　　　　　· 224

人间词话拾遗　　　　　　　　· 235

静庵诗稿（节选）　　　　　　· 241

观堂集林（节选）　　　　　　· 249

苕华词（节选）　　　　　　　· 253

一切之美，

皆形式之美也。

就美之自身言之，

则一切优美，

皆存于形式之对称变化及调和。

第一编

人间嗜好，大美无言

论哲学家与美术家之天职

天下有最神圣、最尊贵而无与于当世之用者，哲学与美术是已。天下之人嚣然谓之曰无用，无损于哲学、美术之价值也。至为此学者自忘其神圣之位置，而求以合当世之用，于是二者之价值失。夫哲学与美术之所志者，真理也。真理者，天下万世之真理，而非一时之真理也。其有发明此真理（哲学家）或以记号表之（美术）者，天下万世之功绩，而非一时之功绩也。唯其为天下万世之真理，故不能尽与一时一国之利益合，且有时不能相容，此即其神圣之所存也。且夫世之所谓有用者，孰有过于政治家及实业家者乎？世人喜言功用，吾姑以其功用言之。夫人之所以异于禽兽者，岂不以其有纯粹之知识与微妙之感情哉？至于生活之欲，人与禽兽无以或异。后者政治家及实业家之所供给；前者之慰藉满足，非求诸哲学及美术不可。就其所贡献于人之事业言之，其性质之贵贱，固以殊矣。至就其功效之所及言之，则哲学家与美术家之事业，虽千载以下，四海以外，苟其所发明之真理与其所表之之记号之尚存，则人类之知识感情由此而得其满足慰藉者，曾无以异于昔。而政治家及实业家之事业，其及于五世十世者希矣。此又久暂之别也。然则人而无所贡献于哲学、美术，斯亦已耳；苟为真正之哲学家、美术家，又何慊乎政治家哉！

披我中国之哲学史，凡哲学家无不欲兼为政治家者，斯可异已！孔子大政治家也，墨子大政治家也，孟、荀二子皆抱政治上之大志者也。汉之贾、董，宋之张、程、朱、陆，明之罗、王无不然。岂独哲学家而已，诗人亦然。"自谓颇腾达，立登要路津。致君尧舜上，再使风俗淳"，非杜子美之抱负乎？"胡不上书自荐达，坐令四海如虞唐"，非韩退之之忠告乎？"寂寞已甘千古笑，驰驱犹望两河平"，非陆务观之悲愤乎？如此者，世谓之大诗人矣。至诗人之无此抱负者，与夫小说、戏曲、图画、音乐诸家，皆以侏儒、倡优自处，世亦以侏儒、倡优畜之。所谓"诗外尚有事在""一命为文人，便无足观"，我国人之金科玉律也。呜呼，美术之无独立之价值也久矣！此无怪历代诗人，多托于忠君爱国、劝善惩恶之意，以自解免，而纯粹美术上之著述，往往受世之迫害而无人为之昭雪者也。此亦我国哲学、美术不发达之一原因也。

夫然，故我国无纯粹之哲学，其最完备者，唯道德哲学与政治哲学耳。至于周、秦、两宋间之形而上学，不过欲固道德哲学之根柢，其对形而上学非有固有之兴味也。其于形而上学且然，况乎美学、名学、知识论等冷淡不急之问题哉！更转而观诗歌之方面，则咏史、怀古、感事、赠人之题目弥满充塞于诗界，而抒情叙事之作什佰不能得一，其有美术上之价值者，仅其写自然之美之一方面耳。甚至戏曲、小说之纯文学，亦往往以惩劝为旨，其有纯粹美术上之目的者，世非惟不知贵，且加贬焉。于哲学则如彼，于美术则如此，岂独世人不具眼之罪哉，抑亦哲学家、美术家自忘其神圣之位置与独立之价值，而蒽然以听命于众故也？

至我国哲学家及诗人所以多政治上之抱负者，抑又有说。夫势力之欲，人之所生而即具者，圣贤豪杰之所不能免也。而知力愈优者，其势力之欲也愈盛。人之对哲学及美术而有兴味者，必其知力之优者也，故其势力之欲亦准之。今纯粹之哲学与纯粹之美术，既不能得势力于我国之思想界矣，则彼等势力之欲，不于政治，将于何求其满足之地乎？且政治上之势力，有形的也，及身的也；而哲学、美术上之势力，无形的也，身后的也。故非旷世之豪杰，鲜有不为一时之势力所诱惑者矣。虽然，无亦其对哲学、美术之趣味有未深，而于其价值有未自觉者乎？今夫人积年月之研究，而一旦豁然悟宇宙人生之真理，或以胸中惝恍不可捉摸之意境，一旦表诸文字、绘画、雕刻之上，此固彼天赋之能力之发展，而此时之快乐，决非南面王之所能易者也。且此宇宙人生而尚如故，则其所发明所表示之宇宙人生之真理之势力与价值，必仍如故。之二者，所以酬哲学家、美术家者固已多矣。若夫忘哲学、美术之神圣,而以为道德政治之手段者,正使其著作无价值者也。愿今后之哲学、美术家,毋忘其天职,而失其独立之位置,则幸矣!

（原载《教育世界》杂志1905年）

古雅之在美学上之位置

"美术者天才之制作也",此自汗德(公译康德,下同)以来百余年间学者之定论也。然天下之物,有决非真正之美术品,而又决非利用品者。又其制作之人,决非必为天才,而吾人之视之也,若与天才所制作之美术无异者,无以名之,名之曰"古雅"。

欲知古雅之性质,不可不知美之普遍之性质。美之性质,一言以蔽之,曰:可爱玩而不可利用者是已。虽物之美者,有时亦足供吾人之利用,但人之视为美时,决不计及其可利用之点。其性质如是,故其价值亦存于美之自身,而不存乎其外。而美学上之区别美也,大率分为二种:曰优美,曰宏壮。自巴克及汗德之书出,学者殆视此为精密之分类矣。至古今学者对优美及宏壮之解释,各由其哲学系统之差别而各不同。要而言之,则前者由一对象之形式,不关于吾人之利害,遂使吾人忘利害之念,而以精神之全力沉浸于此对象之形式中,自然及艺术中普通之美,皆此类也;后者则由一对象之形式,越乎吾人知力所能驭之范围,或其形式大不利于吾人,而又觉其非人力所能抗，于是吾人保存自己之本能，遂超越乎利害之观念外，而达观其对象之形式，如自然中之高山大川、烈风雷雨，艺术中伟大之宫室、悲惨之雕刻像，历史画、戏曲、小说等皆是也。此二者，其可爱玩而不可利用也同，若夫所谓古雅者则何如？

一切之美皆形式之美也。就美之自身言之，则一切优美，皆存于形式之对称变化及调和。至宏壮之对象，汗德虽谓之无形式，然以此种无形式之形式，能唤起宏壮之情，故谓之形式之一种，无不可也。就美术之种类言之，则建筑、雕刻、音乐之美之存于形式固不俟论，即图画、诗歌之美之兼存于材质之意义者，亦以此等材质适于唤起美情故，故亦得视为一种之形式焉。释迦与马利亚庄严圆满之相，吾人亦得离其材质之意义，而感无限之快乐，生无限之钦仰。戏曲、小说之主人翁及其境遇，对文章之方面言之，则为材质；然对吾人之感情言之，则此等材质又为唤起美情之最适之形式。故除吾人之感情外，凡属于美之对象者，皆形式而非材质也。而一切形式之美，又不可无他形式以表之。惟经过此第二之形式，斯美者愈增其美，而吾人之所谓古雅，即此第二种之形式。即形式之无优美与宏壮之属性者，亦因此第二形式故，而得一种独立之价值。故古雅者，可谓之形式之美之形式之美也。

夫然，故古雅之致存于艺术而不存于自然。以自然但经过第一形式，而艺术则必就自然中固有之某形式，或所自创造之新形式，而以第二形式表出之。即同一形式也，其表之也各不同。同一曲也,而奏之者各异;同一雕刻、绘画也,而真本与摹本大殊。诗歌亦然。"夜阑更炳烛,相对如梦寐"(杜甫《羌村》诗)之于"今宵剩把银钅工照,犹恐相逢是梦中"(晏几道《鹧鸪天》词),"愿言思伯,甘心首疾"(《诗·卫风·伯兮》)之于"衣带渐宽终不悔,为伊消得人憔悴"(欧阳修《蝶恋花》词),其第一形式同。而前者温厚,后者刻露者,其第二形式异也。一切艺术无不皆然,于是有所谓雅俗之区别起。优美及宏壮必与古雅合,然后得显其固有之价值。不过优美及宏壮之原质愈显,则古雅之原质愈蔽。然吾人所以感如此之美且壮者,实以表出之之雅故,即以其美之第一形式,更以雅之第二形式表出之故也。

虽第一形式之本不美者,得由其第二形式之美(雅),而得一种独立之价值。茅茨土阶,与夫自然中寻常琐屑之景物,以吾人之肉眼观之,举无足与于优美若宏壮之数,然一经艺术家(若绘画,若诗歌)之手,而遂觉有不可言之趣味。此等趣味,不自第一形式得之,而自第二形式得之无疑也。绘画中之布置,属于第一形式,而使笔使墨,则属于第二形式。凡以笔墨见赏于吾人者,实赏其第二形式也。此以低度之美术(如法书等)为尤甚。三代之钟鼎,秦汉之摹印,汉魏六朝唐宋之碑帖,宋元之书籍等,其美之大部,实存于第二形式。吾人爱石刻不如爱真迹,又其于石刻中爱翻刻不如爱原刻,亦以此也。凡吾人所加于雕刻书画之品评,曰"神"、曰"韵"、曰

"气"、曰"味",皆就第二形式言之者多,而就第一形式言之者少。文学亦然,古雅之价值大抵存于第二形式。西汉之匡、刘,东京之崔、蔡,其文之优美宏壮,远在贾、马、班、张之下,而吾人之嗜之也亦无逊于彼者,以雅故也。南丰之于文,不必工于苏、王;姜夔之于词,且远逊于欧、秦,而后人亦嗜之者,以雅故也。由是观之,则古雅之原质,为优美及宏壮中不可缺之原质,且得离优美宏壮而有独立之价值,则固一不可诬之事实也。

然古雅之性质,有与优美及宏壮异者。古雅之但存于艺术而不存于自然,既如上文所论矣。至判断古雅之力,亦与判断优美及宏壮之力不同。后者先天的,前者后天的、经验的也。优美及宏壮之判断之为先天的判断,自汗德之《判断力批评》后,殆无反对之者。此等判断既为先天的,故亦普遍的、必然的也。易言以明之,即一艺术家所视为美者,一切艺术家亦必视为美。此汗德所以于其美学中,预想一公共之感官者也。若古雅之判断则不然,由时之不同而人之判断之也各异。吾人所断为古雅者,实由吾人今日之位置断之。古代之遗物无不雅于近世之制作,古代之文学虽至拙劣,自吾人读之无不古雅者,若自古人之眼观之,殆不然矣。故古雅之判断,后天的也,经验的也,故亦特别的也,偶然的也。此由古代表出第一形式之道与近世大异,故吾人睹其遗迹,不觉有遗世之感随之,然在当日,则不能若优美及宏壮,则固无此时间上之限制也。

古雅之性质既不存于自然，而其判断亦但由于经验，于是艺术中古雅之部分，不必尽俟天才，而亦得以人力致之。苟其人格诚高，学问诚博，则虽无艺术上之天才者，其制作亦不失为古雅。而其观艺术也，虽不能喻其优美及宏壮之部分，犹能喻其古雅之部分。若夫优美及宏壮，则非天才，殆不能捕攫之而表出之。今古第三流以下之艺术家，大抵能雅而不能美且壮者，职是故也。以绘画论，则有若国朝之王翚，彼固无艺术上之天才，但以用力甚深之故，故摹古则优，而自运则劣，则岂不以其舍其所长之古雅，而欲以优美宏壮与人争胜也哉？以文学论，则除前所述匡、刘诸人外，若宋之山谷，明之青邱、历下，国朝之新城等，其去文学上之天才盖远，徒以有文学上之修养故，其所作遂带一种典雅之性质。而后之无艺术上之天才者，亦以其典雅故，遂与第一流之文学家等类而观之，然其制作之负于天分者十之二三，而负于人力者十之七八，则固不难分析而得之也。又虽真正之天才，其制作非必皆神来兴到之作也。以文学论，则虽最优美最宏壮之文学中，往往书有陪衬之篇，篇有陪衬之章，章有陪衬之句，句有陪衬之字。一切艺术，莫不如是。此等神兴枯涸之处，非以古雅弥缝之不可。而此等古雅之部分，又非借修养之力不可。若优美与宏壮，则固非修养之所能为力也。

然则古雅之价值，遂远出优美及宏壮下乎？曰：不然。可爱玩而不可利用者，一切美术品之公性也。优美与宏壮然，古雅亦然。而以吾人之玩其物也，无关于利用故，遂使吾人超出乎利害之范围外，而惝恍于缥缈宁静之域。优美之形式使人心和平，古雅之形式使人心休息，故亦可谓之低度之优美。宏壮之形式常以不可抵抗之势力，唤起人钦仰之情；古雅之形式则以不习于世俗之耳目故，而唤起一种之惊讶。惊讶者，钦仰之情之初步，故虽谓古雅为低度之宏壮，亦无不可也。故古雅之位置，可谓在优美与宏壮之间，而兼有此二者之性质也。至论其实践之方面，则以古雅之能力能由修养得之，故可为美育普及之津梁。虽中智以下之人，不能创造优美及宏壮之物者，亦得由修养而有古雅之创造力。又虽不能喻优美及宏壮之价值者，亦得于优美宏壮中之古雅之原质，或于古雅之制作物中，得其直接之慰藉。故古雅之价值，自美学上观之，诚不能及优美及宏壮；然自其教育众庶之效言之，则虽谓其范围较大、成效较著可也。因美学上尚未有专论古雅者，故略述其性质及位置如右。篇首之疑问，庶得由是而说明之欤。

（原载《教育世界》杂志1907年）

人间嗜好之研究

　　活动之不能以须臾息者,其唯人心乎?夫人心本以活动为生活者也。心得其活动之地,则感一种之快乐,反是则感一种之苦痛。此种苦痛,非积极的苦痛,而消极的苦痛也。易言以明之,即空虚的苦痛也。空虚的苦痛,比积极的苦痛,尤为人所难堪。何则?积极的苦痛,犹为心之活动之一种,故亦含快乐之原质;而空虚的苦痛,则并此原质而无之故也。人与其无生也,不如恶生;与其不活动也,不如恶活动。此生理学及心理学上之二大原理,不可诬也。人欲医此苦痛,于是用种种之方法,在西人名之曰 To kill time;而在我中国,则名之曰消遣。其用语之确当,均无以易,一切嗜好由此起也。

　　然人心之活动亦夥矣。食色之欲,所以保存个人及其种姓之生活者,实存于人心之根柢,而时时要求其满足。然满足此欲,固非易易也,于是或劳心,或劳力,戚戚睍睍,以求其生活之道。如此者,吾人谓之曰工作。工作之为一种积极的苦痛,吾人之所经验也。且人固不能终日从事于工作,岁有闲月，月有闲日，日有闲时，殊如生活之道不苦者。其工作愈简，其闲暇愈多，此时虽乏积极的苦痛，然以空虚之消极的苦痛代之。故苟足以供其心之活动者，虽无益于生活之事业，亦鹜而趋之。如此者，吾人谓之曰嗜好。虽嗜好之高尚卑劣万有不齐，然其所以慰空虚之苦痛而与人心以活动者，其揆一也。

嗜好之为物，本所以医空虚的苦痛者，故皆与生活无直接之关系，然若谓其与生活之欲无关系，则甚不然者也。人类之于生活，既竞争而得胜矣，于是此根本之欲复变而为势力之欲，而务使其物质上与精神上之生活超于他人之生活之上。此势力之欲，即谓之生活之欲之苗裔无不可也。人之一生，唯由此二欲以策其知力及体力，而使之活动。其直接为生活故而活动时，谓之曰工作；或其势力有余，而唯为活动故而活动时，谓之曰嗜好。故嗜好之为物，虽非表直接之势力，亦必为势力之小影，或足以遂其势力之欲者，始足以动人心，而医其空虚的苦痛。不然，欲其嗜之也难矣。今吾人当进而研究种种之嗜好，且示其与生活及势力之欲之关系焉。

嗜好中之烟酒二者，其令人心休息之方面多，而活动之方面少。易言以明之，此二者之效，宁在医积极的苦痛，而不在医消极的苦痛。又此二者，于心理上之结果外，兼有生理上之结果，而吾人对此二者之经验亦甚少，故不具论。今先论博弈。夫人生者，竞争之生活也。苟吾人竞争之势力无所施于实际，或实际上既竞争而胜矣，则其剩余之势力，仍不能不求发泄之地。博弈之事，正于抽象上表出竞争之世界，而使吾人于此满足其势力之欲者也。且博弈以但表普遍的抽象的竞争，而不表所竞争者之为某物（故为金钱而赌博者不在此例），故吾人竞争之本能，遂于此以无嫌疑、无忌惮之态度发表之，于是得窥人类极端之利己主义。至实际之人生中，人类之竞争虽无异于博弈，然能如是之磊磊落落者鲜矣。且博与弈之性质，亦自有辨。此二者虽皆世界竞争之小影，而博又为运命之小影。人以执著于生活故，故其知力常明于无望之福，而暗于无望之祸。而于赌博之中，此无望之福时时有可能性，在以博之胜负，人力与运命二者决之；而弈之胜负，则全由人力决之故也。又但就人力言，则博者悟性上之竞争，而弈者理性上之竞争也。长于悟性者，其嗜博也甚于弈；长于理性者，其嗜弈也愈于博。嗜博者之性格，机警也，脆弱也，依赖也；嗜弈者之性格，谨慎也，坚忍也，独立也。譬之治生，前者如朱公居陶，居与时逐；后者如任氏之折节为俭，尽力田畜，亦致千金。人亦各随其性之所近，而欲于竞争之中，发见其势力之优胜之快乐耳。吾人对博弈之嗜好，殆非此无以解释之也。

若夫宫室、车马、衣服之嗜好，其适用之部分属于生活之欲，而其妆饰之部分则属于势力之欲。驰骋、田猎、跳舞之嗜好，亦此势力之欲之所发表也。常人之对书画、古物也亦然。彼之爱书籍，非必爱其所含之真理也；爱书画古玩，非必爱其形式之优美古雅也。以多相炫，以精相炫，以物之稀而难得也相炫。读书者亦然，以博相炫。一言以蔽之，炫其势力之胜于他人而已矣。常人对戏剧之嗜好，亦由势力之欲出。先以喜剧（即滑稽剧）言之。夫能笑人者，必其势力强于被笑者也，故笑者实吾人一种势力之发表。然人于实际之生活中，虽遇可笑之事，然非其人为我所素狎者，或其位置远在吾人之下者，则不敢笑。独于滑稽剧中，以其非事实故，不独使人能笑，而且使人敢笑，此即对喜剧之快乐之所存也。悲剧亦然。霍雷士曰："人生者，自观之者言之，则为一喜剧；自感之者言之，则又为一悲剧也。"自吾人思之，则人生之运命固无以异于悲剧，然人当演此悲剧时，亦俯首杜口，或故示整暇，汶汶而过耳。欲如悲剧中之主人公，且演且歌以诉其胸中之苦痛者，又谁听之，而谁怜之乎？夫悲剧中之人物之无势力之可言，固不待论。然敢鸣其苦痛者与不敢鸣其痛苦者之间，其势力之大小必有辨矣。夫人生中固无独语之事，而戏曲则以许独语故，故人生中久压抑之势力独于其中筐倾而箧倒之，故虽不解美术上之趣味者，亦于此中得一种势力之快乐。普通之人之对戏曲之嗜好，亦非此不足以解释之矣。

若夫最高尚之嗜好，如文学、美术，亦不外势力之欲之发表。希尔列尔既谓儿童之游戏存于用剩余之势力矣，文学、美术亦不过成人之精神的游戏，故其渊源之存于剩余之势力，无可疑也。且吾人内界之思想感情，平时不能语诸人或不能以庄语表之者，于文学中以无人与我一定之关系故，故得倾倒而出之。易言以明之，吾人之势力所不能于实际表出者，得以游戏表出之是也。若夫真正之大诗人，则又以人类之感情为其一己之感情。彼其势力充实，不可以已，遂以发表自己之感情为满足，更进而欲发表人类全体之感情。彼之著作，实为人类全体之喉舌，而读者于此得闻其悲欢啼笑之声，遂觉自己之势力亦为之发扬而不能自已。故自文学言之，创作与赏鉴之二方面，亦皆以此势力之欲为之根柢也。文学既然，他美术何独不然？岂独美术而已，哲学与科学亦然。柏庚有言曰知识即势力也，则一切知识之欲，虽谓之即势力之欲，亦无不可。彼等以其势力卓越于常人故，故不满足于现在之势力，而欲得永远之势力。虽其所用以得势力之手段不同，然其目的固无以异。夫然，始足以活动人心，而医其空虚的苦痛。以人心之根柢实为一生活之欲，若势力之欲，故苟不足以遂其生活或势力者，决不能使之活动。以是观之，则一切嗜好虽有高卑优劣之差，固无非势力之欲之所为也。

  然余之为此论，固非使文学、美术之价值下齐于博弈也。不过自心理学言之，则此数者之根柢皆存于势力之欲，而其作用皆在使人心活动，以疗其空虚之苦痛。以此所论者，乃事实之问题，而非价值之问题故也。若欲抑制卑劣之嗜好，不可不易之以高尚之嗜好，不然，则必有溃决之一日。此又从人心活动之原理出，有教育之责及欲教育自己者，不可不知所注意焉。

（原载《教育世界》杂志1907年）

文学小言

一

昔司马迁推本汉武时学术之盛，以为利禄之途使然。余谓一切学问皆能以利禄劝，独哲学与文学不然。何则？科学之事业，皆直接间接以厚生利用为旨，古未有与政治及社会上之兴味相刺谬者也。至一新世界观与新人生观出，则往往与政治及社会上之兴味不能相容。若哲学家而以政治及社会之兴味为兴味，而不顾真理之如何，则又决非真正之哲学。以欧洲中世哲学之以辩护宗教为务者，所以蒙极大之污辱，而叔本华所以痛斥德意志大学之哲学者也。文学亦然。铺餟的文学，决非真正之文学也。

二

文学者，游戏的事业也。人之势力用于生存竞争而有余，于是发而为游戏。婉娈之儿，有父母以衣食之，以卵翼之，无所谓争存之事也。其势力无所发泄，于是作种种之游戏。迨争存之事亟，而游戏之道息矣。唯精神上之势力独优，而又不必以生事为急者，然后终身得保其游戏之性质。而成人以后，又不能以小儿之游戏为满足，于是对其自己之感情及所观察之事物而摹写之，咏叹之，以发泄所储蓄之势力。故民族文化之发达，非达一定之程度，则不能有文学；而个人之汲汲于争存者，决无文学家之资格也。

三

人亦有言：名者利之宾也。故文绣的文学之不足为真文学也，与餔餟的文学同。古代文学之所以有不朽之价值者，岂不以无名之见者存乎？至文学之名起，于是有因之以为名者，而真正文学乃复托于不重于世之文体以自见。迨此体流行之后，则又为虚玄矣。故模仿之文学，是文绣的文学与餔餟的文学之记号也。

四

文学中有二原质焉：曰景，曰情。前者以描写自然及人生之事实为主，后者则吾人对此种事实之精神的态度也。故前者客观的，后者主观的也；前者知识的，后者感情的也。自一方面言之，则必吾人之胸中洞然无物，而后其观物也深，而其体物也切；即客观的知识，实与主观的感情为反比例。自他方面言之，则激烈之感情，亦得为直观之对象、文学之材料；而观物与其描写之也，亦有无限之快乐伴之。要之，文学者，不外知识与感情交代之结果而已。苟无锐敏之知识与深邃之感情者，不足与于文学之事。此其所以但为天才游戏之事业，而不能以他道劝者也。

五

古今之成大事业大学问者，不可不历三种之阶级："昨夜西风凋碧树。独上高楼，望尽天涯路"（晏同叔《蝶恋花》），此第一阶级也；"衣带渐宽终不悔，为伊消得人憔悴"（欧阳永叔《蝶恋花》），此第二阶级也；"众里寻他千百度，回头蓦见，那人正在，灯火阑珊处"（辛幼安《青玉案》），此第三阶级也。未有不阅第一第二阶级，而能遽跻第三阶级者。文学亦然。此有文学上之天才者，所以又需莫大之修养也。

六

三代以下之诗人，无过于屈子、渊明、子美、子瞻者。此四子者苟无文学之天才，其人格亦自足千古。故无高尚伟大之人格，而有高尚伟大之文学者，殆未之有也。

七

天才者，或数十年而一出，或数百年而一出，而又须济之以学问，帅之以德性，始能产真正之大文学。此屈子、渊明、子美、子瞻等所以旷世而不一遇也。

八

"燕燕于飞，差池其羽。""燕燕于飞，颉之颃之。""睍睆黄鸟，载好其音。""昔我往矣，杨柳依依。"诗人体物之妙，侔于造化，然皆出于离人、孽子、征夫之口，故知感情真者，其观物亦真。

九

"驾彼四牡，四牡项领。我瞻四方，蹙蹙靡所骋。"以《离骚》《远游》数千言言之而不足者，独以十七字尽之，岂不诡哉！然以讥屈子之文胜，则亦非知言者也。

十

屈子感自己之感，言自己之言者也。宋玉、景差感屈子之所感，而言其所言；然亲见屈子之境遇与屈子之人格，故其所言，亦殆与言自己之言无异。贾谊、刘向其遇略与屈子同，而才则逊矣。王叔师以下，但袭其貌而无真情以济之。此后人之所以不复为楚人之词者也。

十一

屈子之后，文学上之雄者，渊明其尤也。韦、柳之视渊明，其如贾、刘之视屈子乎？彼感他人之所感，而言他人之所言，宜其不如李、杜也。

十二

宋以后之能感自己之感，言自己之言者，其唯东坡乎？山谷可谓能言其言矣，未可谓能感所感也。遗山以下亦然。若国朝之新城，岂徒言一人之言已哉？所谓"莺偷百鸟声"者也。

十三

诗至唐中叶以后，殆为羔雁之具矣。故五季、北宋之诗（除一二大家外）无可观者，而词则独为其全盛时代。其诗词兼擅如永叔、少游者，皆诗不如词远甚。以其写之于诗者，不若写之于词者之真也。至南宋以后，词亦为羔雁之具，而词亦替矣（除稼轩一人外）。观此足以知文学盛衰之故矣。

十四

上之所论，皆就抒情的文学言之（《离骚》、诗词皆是）。至叙事的文学（谓叙事传、史诗、戏曲等，非谓散文也），则我国尚在幼稚之时代。元人杂剧辞则美矣，然不知描写人格为何事。至国朝之《桃花扇》则有人格矣，然他戏曲则殊不称是。要之，不过稍有系统之词，而并失词之性质者也。以东方古文学之国，而最高之文学无一足以与西欧匹者，此则后此文学家之责矣。

十五

抒情之诗，不待专门之诗人而后能之也。若夫叙事，则其所需之时日长，而其所取之材料富，非天才而又有暇日者不能。此诗家之数之所不可更仆数，而叙事文学家殆不能及百分之一也。

十六

《三国演义》无纯文学之资格，然其叙关壮缪之释曹操，则非大文学家不办。《水浒传》之写鲁智深，《桃花扇》之写柳敬亭、苏昆生，彼其所为固毫无意义，然以其不顾一己之利害，故犹使吾人生无限之兴味，发无限之尊敬，况于观壮缪之矫矫者乎？若此者，岂真如汗德所云，实践理性为宇宙人生之根本欤？抑与现在利己之世界相比较，而益使吾人兴无涯之感也？则选择戏曲、小说之题目者，亦可以知所去取矣。

十七

吾人谓戏曲、小说家为专门之诗人，非谓其以文学为职业也。以文学为职业，馎馍的文学也。职业的文学家，以文学得生活；专门之文学家，为文学而生活。今馎馍的文学之途，盖已开矣。吾宁闻征夫思妇之声，而不屑使此等文学嚣然污吾耳也。

（原载《教育世界》杂志1906年）

与罗振玉论艺书

一

《高昌壁画》及《石鼓考释》今晨持送乙老,渠谓此事可得数旬探索,维即请其以笔记之,不知此老能细书否耳。维疑前十二图确为六朝人画,至十三图以后有回纥字者当出唐人,因前画均无笔墨可寻,而第十三图以后则笔意生动,新旧分界当在于此。

(1916年9月9日)

二

巨师画,乙老前言前半似河阳,维已疑董、巨同出右丞,巨公当有此种笔法。……维于观明以后画无丝毫把握,唯于董、巨或能知之;且如此大卷,必有惊心动魄之处,以"气象""墨法"二者决之，可无误也。

（1916年11月1日）

三

前函言杨昇《雪山朝霁图》，写灞桥风雪意，此语大误。灞桥系平原大道，虽可望见南山，地势不得如此收缩。既非写孟浩然事，则疑其不出杨昇者误也。僧繇、探微不可得见，观其画知唐山画法已自精能，（大小李虽不可见，当与赵千里辈不甚相远。惟树法犹存汉魏六朝遗意。）右丞独不拘于形似而专写物意，故为南宗第一祖。杨画实为由张、陆辈至右丞之过渡，其可贵不在《江山雪霁》下也。

（1916年5月8、9、10日）

四

又有一卷雪景，树仿郭河阳，山石仿范中立，气象甚大，末有"千里伯驹"四字隶书款（款亦佳）。乍观之似马、夏一派，用笔甚粗而实有细处。向所传千里画皆金碧细皴，惟此独粗，盖内画近景与远景之不同，此恐千里真本。不观此画，不能知马、夏渊源（惟绢甚破碎）。乙甚赏此画，又甚以鄙言为然，谓得后乞跋之。……恐北宋流别中当以此为压卷（图中人物面皆敷朱）也。《雪山朝霁图》乃画灞桥风雪（开元中人未必画孟浩然事），恐在中唐以后，未必出杨昇手；此画实于右丞、北苑之间得一脉络。原本赋色否？

（1916年5月7日）

五

昨日赴哈园，书画展览会所陈列者，廉泉之物为多。有一山水立幅，宫子行题为荆浩，傅以赭绛，气势浑沦，略似北苑。山皴皆大披麻，悬泉两道与松树云气，画法全同北苑，唯下幅近处山石间用方折，有似荆法。此画当出董、巨以后，然不失为名迹也。

（1916年10月11日）

六

今日晴始出，过冰泉，已自粤归，携得北苑一卷、一幅。卷未见，立幅佳甚。幅不甚阔，系画近景，上山作粗点大笔披麻皴,并有矾头,下作四五枯树及泉水,并有小草,境界全在公所藏诸幅之外。幅上诗斗有（真）[香]光题字,略云仿李思训者。画上又有纯皇题诗一首,乃内府流出在孔氏岳雪楼者,此可谓剧迹（此幅绢极细而色较白）。其一卷盖已出外,索观不得。又一石谷临巨然《烟浮远岫》立幅,气魄雄厚,局势开张,用粗点大披麻皴,全得家法,尚想见原本神观（与《唐人诗意》幅不同,而与《万壑图》相近）。

（1917年1月5日）

七

十七日过冰泉处,始见北苑《山居图》卷,令人惊心动魄。此卷与小幅,在公藏器几可与《溪山行旅》《群峰霁雪》抗衡。因绢素干净,故精神愈觉焕发。观《山居》卷,知香光得力全在此种。

（1917年1月13日）

八

过程冰泉……出示诸画。有巨然二幅,大而短,乃元、明间人所为（并非高手）。惟竹一大幅大佳，其竹乃渲染而成，有竹处无墨，而以淡墨为地，此法极奇；当中竹三四竿气象雄伟，一竿竹旁倒书"此竹值黄金百两"篆书二行。冰泉谓人言宋人画录中记此事，此极荒唐，惟此画尚是宋人笔墨。

（1916年10月3日）

九

昨为看巨师画预备一切，因悟北苑《群峰霁雪》卷多作蟹爪树，乃与河阳同出右丞。巨然出北苑而变为柔细，则似河阳固其宜也。惟气魄必有异人处，如公之河阳《秋山行旅》卷气象已极不同，何况巨公？

（1916年11月6日）

十

巨然卷，末题"钟陵寺僧巨然"六字，略似明人学钟太傅书者，似系后加。卷长二丈有余，不及三丈，前云五丈者，传闻之误也。全卷石法、树法全从北苑出，树根用北苑法，石有作短笔麻皴者（因画江景故）。虽不辟塞而丘壑特奇（宫室亦用董、巨法，前半仍是巨法，不似河阳。山石阴阳分晓，有宋人意，或者时已有此风亦未可知），温润处不如《唐人诗意》卷，气魄亦逊。窃谓此卷若以画法求之，则笔笔皆是董、巨，惟于真气惊人之处则比《秋山行旅》《群峰霁雪》《云壑飞泉》诸图皆有逊色，用墨有极黑处，当是宋人摹本，未敢遽定为真。

（1916年11月6日）

十一

今晨又将董、巨诸画景印本展阅一过，觉昨所观《江山秋霁》卷为宋人摹本无疑。其石法、树法皆有渊源，惟于元气浑沦之点不及诸图远甚，用笔清润处亦觉不如。卷中高石皴法与《雪霁图》略同；短石作短笔麻皴，求之董、巨诸图，均所未见；似合洪谷、北苑为一家者，都不如诸立幅作大披麻皴及大雨点皴也。

（1916年11月7、8日）

十二

黄氏巨师画卷，维前所以谓为宋摹者，即以其深厚博大之处与真迹迥异，若论画法，则笔笔是董、巨，无可訾议，与公前后各书所论略同。顾崔逸所藏即《万壑图》，得公书乃恍然。窃意北苑画法备于《溪山行旅》《群峰霁雪》二图；《万壑松风》与未见之《潇湘图》，一大一细，当另是一种笔墨，其真实本领，实于前二图见之。巨然《唐人诗意》立幅虽无确据，然非董非米，舍巨师其谁为之？其中房屋小景，用笔温润浑厚，与《溪山行旅》异曲同工。黄氏卷惟有法度尚存，气象神味皆不如诸幅远矣。海内董、巨，恐遂止此数，不知陕石一卷何如耳。

（1916年11月15日）

十三

今晨往谈，渠（按，指沈乙庵）出一《杨妃出浴图》见示，笔墨极静穆，无痕迹。行笔极细，稍着色，而面目已娟秀，不似唐人之丰艳。渠谓早则北宋人，迟则元、明摹本（此画渠已购得）。殆近之。

（1916年5月17日）

十四

十二件内之王元章梅花虽系乙老推荐,而实未见此画。维见此画有气魄而不俗,又题款数行小楷极似公所藏王叔明《柳桥渔艇》卷后元章跋(俱王卷跋兼有柳法)。而此款字较小,全作小欧体,冬心平生多学此种(画心又极干净)。此幅若真,则尚算精品,唯究不知何如?亟待公观后一印证书。

(1916年11月25日)

十五

景叔以五十元得一唐六如小卷(实横幅),纸本,极干净,无款,但有"唐居士印"四字,朱字牙章。其画石学李晞古笔意,颇极秀逸,如系伪品,恐亦须石谷辈乃能为此。

(1916年9月4日)

十六

索乙老书扇。为书近作四律索和,三日间仅能交卷,而苦无精思名句，即乙老诗亦晦涩难解，不如前此诸章也。

（1916年8月30日）

十七

为乙老写去年诗稿共十八页，二日半而成。其中大有杰作，一为王聘三方伯作《鬻医篇》，一为《陶然亭诗》，而去年还嘉兴诸诗议论尤佳。其《卫大夫宏演墓诗》云："亡虏幸偷生，有言皆粪土。"今日往谈，称此句。乙云："非见今日事，不能为此语。"

（1916年12月28日）

读书小言

古今最大著述

余尝数古今最大著述,不过五六种。汉则司马迁之《史记》、许慎之《说文解字》,六朝则郦道元之《水经注》,唐则杜佑之《通典》,宋则沈括之《梦溪笔谈》,皆一空依傍,自创新体。后人著作书,不过赓续之、摩拟之、注释之、改正之而已。然《史记》诸书,皆蒐辑旧闻为之,犹不过组织考核之功。惟《笔谈》皆自道其所得,其中虽杂以琐闻谐谑,与寻常杂家相等,然其精到之处,乃万劫不可磨灭,后人每无能继之者,可谓豪杰之士矣。

(《二牖轩随录》)

《史记》记六国事多取诸国国史

《史记》一书,虽以《左传》《国策》诸书为本,然其记六国事,亦多取于诸国国史。所谓金匮石室之书,自刘向校书,盖已不及见矣。《赵世家》一篇,多记神怪梦幻事,行文奇纵,当本于赵国之史,非后世小说所能仿佛也。兹列举之……此六事迷离惝恍,史公记他国事,皆不及此等事,疑皆仍列国旧史也。

(《二牖轩随录》)

佛法入中国

佛法入中国,在汉明帝之前。明都穆《两听记谈》:"秦时纱门室利序等至,始皇以为异,囚之。夜有金人,破户以出。"其言固不足信,然《汉书》"霍去病获休屠王祭天金人",鱼豢《魏略·西域传》"哀帝元寿元年,博士弟子秦景卢受大月氏使伊存口传附图经",《隋书·经籍志》"张骞使西域,盖闻有浮屠之教",皆其证也。又隋释法经《上文帝书》:"昔方朔睹昆明下灰令问西域取决。刘向校书天禄阁,已见佛经。"方知前汉之世,圣法久至。

(《二牖轩随录》)

《木兰辞》之时代

乐府《木兰辞》，人人能诵之，然罕知其为何时之作。以余考之，则唐太宗时作也。其诗云："策勋十二转，赏赐百千强。"（按，隋以前，但有官品，未有勋级，唐始有之。）《唐六典》："司勋郎中掌邦国官人之勋级，凡十有二等。十二转为上柱国，比正二品。"则此诗为唐时所作无疑。又，诗中可汗与天子杂称，唐时惟太宗称天可汗，当是太宗时作。前人疑为六朝人诗，非是。

(《东山杂记》)

杜工部诗史

杜工部《忆昔》诗："忆昔开元全盛日，小邑犹藏万家室。稻米流脂粟米白，公私仓廪俱丰实。九州道路无豺虎，远行不劳吉日出。"此追怀开元末年事。《通典》载："开元十三年封泰山，米斗至十三文，青、齐谷斗至五文。自后天下无贵物，两京米斗不至二十文，面三十五文，绢一匹二百一十文。"正此时也。仅十余年，至天宝十四载十一月，工部自京赴奉先县，作《咏怀》诗，时渔阳反状未闻也，乃云"朱门酒肉臭，路有冻死骨"，又云："入门闻号啕，幼子饥已卒，所愧为人父,无食致夭折。生常免租税,名不隶征伐,抚迹犹酸辛,平人固骚屑。"盖此十年间,吐番云南,相继构兵,女谒贵戚,穷极奢侈,遂使安禄山得因之而起。君子读此诗,不待渔阳鼙鼓,而早知唐之必乱矣。

杜诗云"终须相就饮一斗,恰有三百青铜钱",此至德初长安酒价也。"岂闻区绢直万钱",此广德蜀中绢价也。"云帆转辽海,粳稻来东吴",此天宝间渔阳海运事也。三者史所不载,而于工部诗中见之,此其所以为史诗欤?

(《东山杂记》)

唐代诗文书籍平浅易解

唐代不独有俗体诗文,即所著书籍,亦有平浅易解者,如《太公家教》是也。《太公家教》一书,见于《李习之文集》,至于文中子《中说》并称。宋王明清《玉照新志》亦称其书。顾世无传本。近世敦煌所出凡数本……观其多用俗语,而文极芜杂无次序,盖唐时乡学究之所作也。

(《东山杂记》)

《望江南》《菩萨蛮》风行之速

上虞罗氏藏敦煌所出唐写本《春秋后语》背记,有唐咸通间人所书《望江南》二阕、《菩萨蛮》词一阕,别字甚多,盖僧雏戏笔。此二阕,唐人最多为之。其风行实始于太和中间,不十年间,已传至边陲,可见风行之速矣。

(《东山杂记》)

小说与说书

通俗小说称若干回者,实出于古之说书。所谓"回"者,盖说书时之一段落也。说书不知起于何时,其见于记载者,以北宋为始。高承《事物纪原》(九)云:"仁宗时市人有能谈国事者,或采其说,加缘许作影人。"《东坡志林》(六)云:"王彭尝云,涂巷中小儿薄劣,为其家所厌苦,辄与钱,令聚坐听说古话。至说三国事,闻刘玄德败,频眉蹙;闻曹操败,即喜唱快。"孟元老《东京梦华录》所载:崇宁大观以来,京瓦伎艺,则讲史有李慥、杨中立、张十一、徐明、赵世亨五人;小说有王颜喜、盖中宝、刘名广三人;又有"霍四究说三分,尹常卖五代史"。则北宋之末已有讲史、小说二种。说三分与卖五代史,亦讲史之类也。南渡后,总谓之说话。宋无名氏《都城纪胜》谓说话有四种：一小说，一说经，一说参请，一说史书。周密《武林旧事》、吴自牧《梦粱录》所记略同。《纪胜》与《梦粱录》并谓"小说，人能以一朝一代故事，顷刻间提破"，则小说同说史书亦无大别，然大抵敷衍烟粉灵怪，无关史事者。说经则说佛经，说参请则说宾主参禅道等事，而以小说与说史为最著。此种小说，传于今日者，有旧本《宣和遗事》二卷，钱曾《也是园书目》列之宋人词话中。钱目作四卷，误。后归黄荛圃，刻入《士礼居丛书》。荛圃以书中避宋光宗讳，定为宋本。然书中引宋末刘克庄诗，又纪二帝幽奎辱事，往往过甚，疑非宋人所为。若避宋讳，则元明人刊书，亦沿宋末旧习，不足以是定宋本也。又曹君直舍人藏元刊《五代平话》一书，中阙一二卷，体例亦与《宣和遗事》相似，前岁董授经京卿刊之鄂中，尚未竣工。吾国古小说之存者，惟此二书而已。

（《东山杂记》）

通俗小说源出宋代

今之通俗小说，如《水浒传》《三国演义》《西游记》《封神榜》诸书，大抵明人所润色，然其源皆出于宋代。《三国演义》与《西游记》，前条既言之矣。《水浒传》亦出《宣和遗事》。又《录鬼簿》所载元人杂剧，其咏水浒事者，多至十三本。其事与今书多不同，盖其祖本亦非一本。又元杂剧中《摘星楼比干剖腹》，乃演封神榜之事；《谢金吾诈拆清风府》及《吴天塔王孟良盗骨殖》，乃演杨家将之事；他如《包待制三勘蝴蝶梦》《包待制智斩鲁斋郎》《包待制智勘后庭花》《包待制智赚灰阑记》《包待制智赚合同文字》《糊突包待制》《包待制判断烟花儿》，则《龙图公案》之祖也；《秦太师东窗事犯》，则《岳传》之祖也。《梦粱录》载南渡说史书者，或敷衍《复华编》《中兴诸将传》，则《岳传》在宋时已有小说。至戏曲小说同演一事者，孰后孰先，颇难臆断。至其文字结构，则以现存《五代平话》《宣和遗事》《大唐三藏取经诗话》观之，尚不及戏曲远甚，更无论后代小说。然则今之《水浒》《西游》《三国演义》等，实皆明人之作。宋元间之祖本，决不能如是进步也。

（《东山杂记》）

周邦彦《诉衷情》一阕为李师师所作

曩撰《清真先生遗事》，颇辨《贵耳集》《浩然斋雅谈》所载周清真与李师师事之误。然清真《片玉词》中有《诉衷情》一阕，曰："当时选舞万人长。玉带小排方。喧传京国声价，年少最无量。花阁迥，酒筵香。想难忘。而今何事，俜向人前，不认周郎。"（按，玉带排方，乃宋时乘舆之服。亲王大臣赐玉带者，以方团别之，复加佩玉鱼金鱼。）且有宋一代，人臣及外戚之赐玉带者，不过数十人，其便服玉带，虽上下通用，然不知倡优何以得服此，且用排方，与天子无别。颇疑此词为师师作矣。（按，师师曾赐金带，见于当时公牍《三朝北盟会编》。）靖康元年正月十五日圣旨："应有官无官诸色人，曾经赐金带，各据前项所赐条数，自陈纳官，如敢隐蔽，许人告犯，重行遣断。"后有尚书省指挥云："赵元奴、李师师、王仲端，曾经祗候、倡优之家，曾经赐金带者，并行陈纳。"《老学庵笔记》亦言："朱伥家奴数十人，皆服金带。"宋制亦三品以上方许服金带，乃倡优奴隶皆得此赐，则玉带排方或出内赐，亦未可知。僭滥至此，真五行传所谓服妖者矣。

（《东山杂记》）

赵子昂

文人事异姓者，易代之际往往而有，然后人责备最至者，莫如赵子昂。元僧某《题赵子昂书（归去来辞）》云："典午山河半已墟，骞裳胄逝望吾卢。翰林学士宋公子，好事多应醉里书。"虞堪胜伯题其《苕溪图》云："吴兴公子玉堂仙，写出苕溪似纲川。回首青山红树下，那无十亩种瓜田。"周良右题其画《竹》则云："中原日暮龙旗远，南国春深水殿寒。留得一枝烟雨里，又随人去报平安。"沈石田题其画《马》则云："隅目晶梵耳竹披，江南流落乘黄姿。千金千里无人识，笑看胡儿买去骑。"王渔洋题其画《羊》则云："南渡铜驼犹恋洛，西来玉马已朝周。牧羝落尽苏卿节，五字河梁万古愁。"诸家攻之不遗余力，而虞胜伯一绝，温厚深婉，尤为可诵。虽然，渊渊玉俭，彼何人哉，如赵王孙者，犹其为次也。

（《东山杂记》）

元剧之三期

予尝分元剧为三期：（一）蒙古时代。此自太宗取中原之后，至至元一统之初。《录鬼簿》上所著之五十七人，大都在此期中。其人皆北方产也。（二）一统时代。则自至元一统后，至至顺后至元时。《录鬼簿》下所谓"已亡名公才人，与余相知，或不相知者"，皆在此期中。其中以南人为多，否则北人而旅居南方者也。（三）叔季时代。则顺帝至正间人，《录鬼簿》所谓"方今才人"是也。此三期中，以第一期为最盛，元剧之杰作皆出于此期中，其剧存者亦多。至第二期，除郑光祖、乔吉二家外，殆无足观，其曲存者亦罕。至第三期则存者更罕，仅有秦简夫、萧德祥、朱士凯、王晔五剧，其视蒙古时代之剧，衰微甚矣。就元剧家之里居考之，则作杂剧者六十三人中，北人得五十，南人得十三人。又北人之中，则中书省所辖之地，即今之直隶、山东西产者，又得四十五人。而其中大都二十人，平阳当大都之半。（按，《元史·太宗纪》：七年，"耶律楚才请立编修所于燕京，以经籍所于平阳，编集经史"。）至世祖至元二年，始徙平阳经籍所于京师。则北方除大都外，以平阳为文物最盛之地，宜杂剧家之多出也。

（《二牖轩随录》）

杂剧之作者

蒙古人中有作小令、套数者；然作杂剧者，则惟汉人（中李直夫为女真人）。大臣之中有作小令、套数者；然作杂剧者，大抵布衣，否则为省掾令史之属。盖自金人重吏，自掾史出身者，其任用或反优于科目。至蒙古灭金，而科目之废，垂八十年，为唐宋以来未有之事。故文章之士，非刀笔吏无以进身；则杂剧家之多出于掾史中，不足怪也。

（《二牖轩随录》）

杂剧发达之原因

明沈德符《野获编》、臧懋循《元曲选序》，谓元初灭金时，曾以词曲取士，其说固妄诞不足道。余则谓元之废科目，却为杂剧发达之原因。盖唐宋以来，士人竞于科目，已非一朝一夕之事，一旦废斥，彼其才力无所用，而一于杂剧发之，且金时就科目者，其业至为浅陋，观《归潜志》所载科目事可知。此种人士，一旦失其所业，固不能为学术上之事，而高文典册，又非其所素习也。适有杂剧新体出，遂多从事于此；而又有一二天才出于其间，充其才力，而元之杂剧，遂为千古独绝之文字。然则由杂剧家之时代爵里，以推元剧创造之时代，及其发达之原因，如上所陈者，固非想象之说也。

(《二牖轩随录》)

关马白郑

元代曲家，昔称关、马、郑、白。然以时代与其所诣考之，不如称关、马、白、郑为妥也。关汉卿一空傍倚，自铸伟词，而其词曲尽人情，字字本色，故当为元人第一。白仁甫、马致远之词，高华雄浑，情深文明。郑德辉清丽芊绵，自成馨逸，均不失为第一流。其余曲家，均不出前四家范围内。惟宫大用瘦硬通神，独树一帜，其品当在关、马之间。明人《曲品》，跻马致远于第一，而抑汉卿于后。盖元中叶以后，学马、郑者多，而学汉卿者少故也。

(《二牖轩随录》)

钱牧斋

冯巳苍《海虞妖乱志》，写明宁王大夫之谤张贪乱，几于燃犀烛牛渚，铸鼎像魑魅。实代之奇作也。书中于钱牧斋无一恕词，且不满于瞿忠宣。巳苍虽牧斋门人，然直道所见，亦不能为之讳也。顾此书，则牧斋乙未后之事，乃此固然，毫不足怪，其为众恶所归，又遭文字之禁，乃出于人心之公，非一朝之私见。尤可笑者，嘉道间，陈云伯为常熟令，修柳夫人冢，牧斋冢在其侧，不过数十步，无过问者。时钱梅溪在云伯幕中，为集苏文忠公书五字，曰"东涧老人墓"，刻石立之，见者无不窃笑。又吴枚庵《国朝诗选》以明末诸人，别为二卷附录，其第一人为彭捃，字谦之，常山人。初疑无此姓名，及读其诗，皆牧斋作也。此虽缘当日有文字之禁，故出于此。然令牧斋身后，与羽素兰同科，亦谑而虐矣。

(《东山杂记》)

《日知录》中泛论多有为而为

顾亭林先生《日知录》中泛论,亦多有为而为。如"自古以文辞欺人者莫如谢灵运"一节,为钱牧斋发也;"嵇绍不当仕晋"一则,为潘稼堂发也。

(《东山杂记》)

国朝学术

国朝三百年学术,启于黄、王、顾、江诸先生,而开乾嘉以后专门之风气者,则以东原戴氏为首。东原享年不永,著述亦多未就者,然其精深博大,除汉北海郑氏外,殆未有其比。一时交游门第,亦能本其方法,光大其学,非如赵商张逸辈但知墨守师说而已。戴氏礼学,虽无成书,然曲阜孔氏、歙县金氏、绩溪胡氏之学,皆出戴氏。其于小学亦然,书虽未就,而其转注假借之说,段氏据之以注《说文》,王、郝二氏训诂音韵之学,亦由此出。戴君《考工记图》,未为精确,歙县程氏以悬解之才,兼据实物以考古籍,其《磬折古义》《考工创物小记》等书,精密远出戴氏其上,而《释虫小记》《释草小记》《九谷考》等,又于戴氏之外,自辟蹊径。程氏于东原虽称老友,然亦同东原之风而起者也。大抵国初诸老,根柢本深,规模亦大，而粗疏在所不免；乾嘉诸儒，亦有根柢，有规模，而加之以专，行之以密，故所得独多；嘉道以后，经则主今文，史则主辽金元，地理则攻西北，此数者亦学者所当有事，诸儒所攻，究不为无功，然于根柢规模，逊于前人远矣。戴氏之学，其段、王、孔、金一派，犹有继者；程氏一派，则竟绝焉。近惟吴氏大澂之学近之，然亦为官所累，不能尽其才，惟其小学，所得则又出程氏之上，亦时为之也。

（《东山杂记》）

清诸帝相貌

奉天崇谟阁中藏《太祖高皇帝实录》，以满、汉、蒙古三种文作三层书之，每层皆有图。其中太祖大王（即礼亲王代善）、四王（即太宗文皇帝）诸像，皆极魁伟丰腴；而敬典阁所藏高宗、仁宗、宣宗像，则皆清癯如老诸生。世传高宗为海宁陈氏子，世宗生女，适以易之。语虽不经，然此说遍天下。盖因高宗骨相，与列祖微异故也。

（《阅古漫录》）

哲学辨惑

甚矣，名之不可以不正也！观去岁南皮尚书之陈学务折，及管学大臣张尚书之复奏折：一虞哲学之有流弊，一以名学易哲学。于是海内之士颇有以哲学为诟病者。夫哲学者，犹中国所谓理学云尔。艾儒略《西学发凡》有"费禄琐非亚"之语，而未译其义。"哲学"之语实自日本始。日本称自然科学曰"理学"，故不译"费禄琐非亚"曰理学，而译曰哲学。我国人士骇于其名而不察其实，遂以哲学为诟病，则名之不正之过也。今辨其惑如下。

一　哲学非有害之学

今之诟病哲学者，岂不曰自由平等民权之说由哲学出，今弃绝哲学，则此等邪说可以熄乎？夫此等说之当否，姑置不论。夫哲学中亦非无如此之说，然此等思想于哲学中不占重要之位置。霍布士之绝对国权论，与福禄特尔（公译伏尔泰）、卢骚（公译卢梭）之绝对民权论，皆为哲学说之一。今以福禄特尔、卢骚之故而废哲学，何不一思霍布士之说乎？且古之时有倡言民权者矣，孟子是也。今若举天下之言民权，而归罪于孟子，废《孟子》而不立诸学官，斯亦过矣！欲废哲学者，何以异于是？且今之言自由平等，言革命者，果皆自哲学上之研究出欤？抑但习闻他人之说而称道之欤？夫周秦与宋代，中国哲学最盛之时也，而君主之威权不因之而稍替。明祖之兴，而李自成、洪秀全之乱，宁皆有哲学家说以鼓舞之欤？故不研究哲学则已，苟研究哲学，则必博稽众说而唯真理之是从。其视今日浅薄之革命家，方鄙弃之不暇，而又奚惑焉？则竟以此归狱于哲学者，非也。且自由平等说非哲学之原理，乃法学、政治学之原理也。今不以此等说废法学、政治学，何独至于哲学而废之？此余所不解者一也。

二　哲学非无益之学

于是说者曰：哲学即令无害，决非有益，非叩虚课寂之谈，即骛广志荒之论。此说不独我国为然，虽东西洋亦有之。夫彼所谓无益者，岂不以哲学之于人生日用之生活无关系乎？夫但就人生日用之生活言，则岂徒哲学为无益，物理学、化学、博物学，凡所谓纯粹科学，皆与吾人日用之生活无丝毫之关系。其有实用于人者，不过医、工、农等学而已。然人之所以为人者，岂徒饮食男女，芸芸以生，厌厌以死云尔哉！饮食男女，人与禽兽之所同，其所以异于禽兽者，则岂不以理性乎哉！宇宙之变化，人事之错综，日夜相迫于前，而要求吾人之解释，不得其解，则心不宁。叔本华谓人为形而上学之动物，洵不诬也。哲学实对此要求而与吾人以解释。夫有益于身者与有益于心者之孰轩孰轾，固未易论定者。巴尔善曰："人心一日存，则哲学一日不亡。"使说者而非人则已；说者而为人，则已于冥冥之中认哲学之必要，而犹必诋之为无用，此其不可解者二也。

三　中国现时研究哲学之必要

尤可异者，则我国上下，日日言教育，而不喜言哲学。夫既言教育，则不得不言教育学；教育学者实不过心理学、伦理学、美学之应用。心理学之为自然科学而与哲学分离，仅曩日之事耳；若伦理学与美学，则尚俨然为哲学中之二大部。今夫人之心意，有知力，有意志，有感情。此三者之理想，曰真，曰善，曰美。哲学实综合此三者，而论其原理者也。教育之宗旨，亦不外造就真善美之人物，故谓教育学上之理想即哲学上之理想，无不可也。试读西洋之哲学史、教育学史，哲学者而非教育学者有之矣，未有教育学者而不通哲学者也。不通哲学而言教育，与不通物理、化学而言工学，不通生理学、解剖学而言医学何以异？今日日言教育，言伦理，而独欲废哲学，此其不可解者三也。

四　哲学为中国固有之学

今之欲废哲学者，实坐不知哲学为中国固有之学故。今姑舍诸子不论，独就六经与宋儒之说言之。夫六经与宋儒之说，非著于功令而当时所奉为正学者乎？周子"太极"之说，张子"正蒙"之论，邵子之《皇极经世》，皆深入哲学之问题。此岂独宋儒之说为然，六经亦有之。《易》之"太极"，《书》之"降衷"，《礼》之"中庸"，自说者言之，谓之非虚非寂，得乎？今欲废哲学，则六经及宋学皆在所当废，此其所不解者四也。

五　研究西洋哲学之必要

于是说者曰：哲学既为中国所固有，则研究中国之哲学足矣，奚以西洋哲学为？此又不然。余非谓西洋哲学之必胜于中国，然吾国古书，大率繁散而无纪，残缺而不完，虽有真理，不易寻绎，以视西洋哲学之系统灿然、步伐严整者，其形式上之孰优孰劣，固自不可掩也。且今之言教育学者，将用《论语》《学记》作课本乎？抑将博采西洋之教育学以充之也？于教育学然，于哲学何独不然？且欲通中国哲学，又非通西洋之哲学不易明也。近世中国哲学之不振,其原因虽繁,然古书之难解,未始非其一端也。苟通西洋之哲学,以治吾中国之哲学,则其所得当不止此。异日昌大吾国固有之哲学者,必在深通西洋哲学之人无疑也。今欲治中国哲学,而废西洋哲学,其不可解者五也。

余非欲使人人为哲学家,又非欲使人人研究哲学,但专门教育中,哲学一科必与诸学科并立,而欲养成教育家,则此科尤为要。吾国人士所以诟病哲学者,实坐不知哲学之性质之故,苟易其名曰理学,则庶可以息此争论哉!庶可以息此争论哉!

(原载《教育世界》杂志1903年)

释理

昔阮文达公作《塔性说》，谓"翻译者但用典中'性'字以当佛经无得而称之物，而唐人更以经中'性'字当之"，力言翻译者遇一新义为古语中所无者，必新造一字，而不得袭用似是而非之古语。是固然矣。然文义之变迁，岂独在输入外国新义之后哉！吾人对种种之事物，而发见其公共之处，遂抽象之而为一概念，又从而命之以名；用之既久，遂视此概念为一特别之事物，而忘其所从出。如"理"之概念，即其一也。吾国语中"理"字之意义之变化，与西洋"理"字之意义之变化，若出一辙。今略述之如左：

（一）理字之语源 《说文解字》第一篇："理，治玉也，从玉，里声。"段氏玉裁注："《战国策》郑人谓玉之未理者为璞，是理为剖析也。"由此类推，而种种分析作用，皆得谓之曰理。郑玄《乐记》注："理者，分也。"《中庸》所谓"文理密察"，即指此作用也。由此而分析作用之对象，即物之可分析而粲然有系统者，亦皆谓之理。《逸论语》曰："孔子曰：美哉璠玙！远而望之，奂若也；近而视立，瑟若也。""一则理胜，一则孚胜"，此从"理"之本义之动词，而变为名词者也。更推之而言他物，则曰"地理"（《易·系辞传》），曰"腠理"（《韩非子》），曰"色理"，曰"蚕理"，曰"箴理"（《荀子》），就一切物而言之曰"条理"（《孟子》）。然则所谓"理"者，不过谓吾心分析之作用，及物之可分析者而已矣。

其在西洋各国语中，则英语之Reason，与我国今日"理"字之义大略相同，而与法国语之Raison，其语源同出于拉丁语之Ratio。此语又自动词Retus（思索之意）而变为名词者也。英语又谓推理之能力曰Discourse，同时又用为言语之义。此又与意大利语之Discorso同出于拉丁语之Discursus，与希腊语之Logos皆有言语及理性之两义者也。其在德意志语，则其表理性也曰Vernunft，此由Vernehmen之语出，此语非但"听"字之抽象名词，而实谓知言语所传之思想者也。由此观之，古代二大国语及近世三大国语，皆以思索（分合概念之力）之能力，及言语之能力，即他动物之所无而为人类之独有者，谓之曰理性、Logos（希）、Ratio（拉）、Vernunft（德）、Raison（法）、Reason（英）。而从吾人理性之思索之径路，则下一判断，必不可无其理由。于是拉丁语之Ratio、法语之Raison、英语之Reason等，于理性外，又有理由之意义。至德语之Vernunft则但指理性，而理由则别以Grunde之语表之。吾国之理字，其义则与前者为近，兼有理性与理由之二义，于是理之解释，不得不分为广义的及狭义的二种。

（二）理之广义的解释　理之广义的解释，即所谓理由是也。天下之物，绝无无理由而存在者。其存在也，必有所以存在之故，此即物之充足理由也。在知识界，则既有所与之前提，必有所与之结论随之。在自然界，则既有所与之原因，必有所与之结果随之。然吾人若就外界之认识，而皆以判断表之，则一切自然界中之原因，即知识上之前提；一切结果，即其结论也。若视知识为自然之一部，则前提与结论之关系，亦得视为因果律之一种。故欧洲上古及中世之哲学，皆不区别此二者，而视为一物。至近世之拉衣白尼志始分晰之，而总名之曰充足理由之原则，于其《单子论》之小诗中，括之为公式曰："由此原则，则苟无必然，或不得不然之充足理由，则一切事实不能存在，而一切判断不能成立。"汗德亦从其说而立形式的原则与物质的原则之区别。前者之公式曰："一切命题，必有其论据。"后者之公式曰："一切事物，必有其原因。"其学派中之克珊范台尔更明言之曰："知识上之理由（论据）必不可与事实上之理由（原因）相混。前者属名学，后者属形而上学；前者思想之根本原则，后者经验之根本原则也。原因对实物而言，论据则专就吾人之表象言也。"至叔本华而复就充足理由之原则，为深邃之研究，曰："此原则就客观上言之，为世界普遍之法则；就主观上言之，乃吾人之知力普遍之形式也。"世界各事物，无不入此形式者，而此形式，可分为四种：一、名学上之形式。即从知识之根据之原则者，曰既有前提，必有结论。二、物理学上之形式。即从变化之根据之原则者，曰既有原因，必有结果。三、数学上之形式。此从实在之根据之原则者，曰一切关系，由几何学上之定理定之者，其计算之成绩不能有误。四、实践上之形式。曰动机既现，则人类及动物，不能不应其固有之气质，而为惟一之动作。此四者，总名之曰"充足理由之原则"。此四分法中，第四种得列诸第二种之形式之下，但前者就内界之经验言之，后者就外界之经验言之，此其所以异也。要知第一种之充足理由之原则，乃吾人理性之形式，第二种悟性之形式，第三种感性之形式也。此三种之公共之性质，在就一切事物而证明其所以然，及其不得不然。即吾人就所与之结局观之，必有其所以然之理由；就所与之理由观之，必有不得不然之结局。此世界中最普遍之法则也。而此原则所以为世界最普遍之法则者，则以其为吾人之知力之最普遍之形式故。陈北溪（淳）曰："理有确然不易的意。"临川吴氏（澄）曰："凡物必有所以然之故，亦必有所当然之则。所以然者理也，所当然者义也。"征之吾人日日之用语，所谓"万万无此理""理不应尔"者，皆指理由而言也。

（三）理之狭义的解释 理之广义的解释外，又有狭义的解释，即所谓理性是也。夫吾人之知识，分为二种：一直观的知识；一概念的知识也。直观的知识，自吾人之感性及悟性得之；而概念之知识，则理性之作用也。直观的知识，人与动物共之；概念之知识，则惟人类所独有。古人所以称人类为理性的动物，或合理的动物者，为此故也。人之所以异于动物，而其势力与忧患且百倍之者，全由于此。动物生活于现在，人则亦生活于过去及未来。动物但求偿其一时之欲，人则为十年百年之计。动物之动作，由一时之感觉决定之，人之动作，则决之于抽象的概念。夫然，故彼之动作，从豫定之计划而不为外界所动，不为一时之利害所摇，彼张目敛手，而为死后之豫备，彼藏其心于不可测度之地，而持之以归于邱墓。且对种种之动机而选择之者，亦惟人为能。何则？吾人惟有概念的知识，故将有为也，将有行也，必先使一切远近之动机，表之以概念，而悉现于意识，然后吾人得递验其力之强弱，而择其强者而从之；动物则不然，彼等所能觉者，现在之印象耳。惟现在之苦痛之恐怖心，足以束缚其情欲，逮此恐怖心久而成为习惯，遂永远决定其行为，谓之曰驯扰。故感与觉，人与物之所同；思与知，则人之所独也。动物以振动表其感情及性质，人则以言语传其思想，或以言语掩盖之，故言语者，乃理性第一之产物，亦其必要之器官也。此希腊及意大利语中所以以一语表理性及言语者也。此人类特别之知力，通古今东西皆谓之曰"理性"，即指吾人自直观之观念中，造抽象之概念，及分合概念之作用。自希腊之柏拉图、雅里大德勒（公译亚里士多德），至近世之洛克、拉衣白尼志，皆同此意。其始混用之者，则汗德也。汗德以理性之批评，为其哲学上之最大事业，而其对理性之概念,则有甚暧昧者。彼首分理性为纯粹及实践二种,纯粹理性,指知力之全体,殆与知性之意义无异。彼于《纯粹理性批评》之《绪论》中曰:"理性者,吾人知先天的原理的能力是也。"实践理性,则谓合理的意志之自律,自是"理性"二字,始有特别之意义,而其所谓纯粹理性中,又有狭义之理性。其下狭义理性之定义也,亦互相矛盾。彼于理性与悟性之别,实不能深知,故于《先天辨证论》中曰:"理性者,吾人推理之能力。"(《纯理批评》第五版三百八十六页)又曰:"单纯判断,则悟性之所为也。"(同,九十四页)叔本华于《汗德哲学之批评》中曰:"由汗德之意,谓若有一判断,而有经验的、先天的或超名学的根据,则其判断乃悟性之所为;如其根据而为名学的,如名学上之推理式等,则理性之所为也。此外尚有种种之定义,其义各不同,其对悟性也亦然。要之,汗德以通常所谓理性者谓之悟性,而与理性以特别之意义,谓吾人于空间及时间中结合感觉以成直观者,感性之事;而结合直观而为自然界之经验者,悟性之事;至结合经验之判断,以为形而上学之知识者,理性之事也。自此特别之解释,而汗德以后之哲学家,遂以理性为吾人超感觉之能力,而能直知本体之世界及其关系者也。例如希哀林、海额尔之徒,乘云驭风而组织理性之系统,然于吾人之知力中果有此能力否,本体之世界果能由此能力知之否,均非所问也。至叔本华出,始严立悟性与理性之区别。彼于《充足理由》之论文中,证明直观中已有悟性之作用存。吾人有悟性之作用，斯有直观之世界，有理性之作用而始有概念之世界。故所谓理性者，不过制造概念及分合之之作用而已。由此作用，吾人之事业已足以远胜于动物。至超感觉之能力，则吾人所未尝经验也。彼于其《意志及观念之世界》及《充足理由之论文》中辨之累千万言，然后理性之概念灿然复明于世。孟子曰："心之所同然者何也？谓理也，义也。"程子曰："性即理也。"其对理之概念，虽于名学的价值外，更赋以伦理学的价值，然就其视理为心之作用时观之，固指理性而言者也。

（四）理之客观的假定　由上文观之，理之解释有广狭二义，广义之理是为理由，狭义之理则理性也。充足理由之原则，为吾人知力之普遍之形式，理性则知力作用之一种，故二者皆主观的而非客观的也。然古代心理上之分析未明，往往视理为客观上之物，即以为离吾人之知力而独立，而有绝对的实在性者也。如希腊古代之额拉吉来图，谓天下之物，无不生灭变化，独生灭循环之法则，乃永远不变者。额氏谓之曰"天运"，曰"天秩"，又曰"天理（Logos）"。至斯多噶派，更绍述此思想，而以指宇宙之本体，谓生产宇宙及构造宇宙之神，即普遍之理也。一面生宇宙之实质，而一面赋以形式，故神者，自其有机的作用言之，则谓之创造及指导之理；自其对个物言之，则谓之统辖一切之命；自其以普遍决定特别言之，则谓之序；自其有必然性言之，则谓之运。近世希腊哲学史家灾尔列尔之言曰，由斯多噶派之意，则所谓天心、天理、天命、天运、天然、天则，皆一物也。故其所谓"理"，兼有理、法、命、运四义，与额拉吉来图同；但于开辟论之意义外，兼有实体论之意义，此其相异者也。希腊末期之斐洛，与近世之初之马尔白兰休，亦皆有此"理即神也"之思想。此理之自主观的意义，而变为客观的意义者也。更返而观吾中国之哲学，则理之有客观的意义，实自宋人始。《易·说卦传》曰："将以顺性命之理。"固以理为性中之物。孟子亦既明言理为心之所同然矣。而程子则曰："在物为理。"又曰："万物各具一理，而万理同出一原。"此原之为心为物，程子不言，至朱子直言之曰："盖人心之灵，莫不有知；而天下之物，莫不有理。惟于理有未穷，故其知有不尽。"至万物之有理，存于人心之有知，此种思想，固朱子所未尝梦见也。于是理之渊源，不得求诸外物，于是谓："天地之间，有理有气。理也者，形而上之道也，生物之本也；气也者，形而下之器也，生物之具也。是以人物之生，必禀此理，然后有性；必禀此气，然后有形。"又曰："天以阴阳五行化生万物，气以成形，而理亦附焉。"于是对周子之"太极"而与以内容曰："'太极'不过一个'理'字。"万物之理，皆自此客观的大理出，故曰："物物各具此理，而物物各异其用，然莫非理之流行也。"又《语类》云："问天与命，性与理四者之别，天则就其自然者言之，命则就其流行而赋于物者言之，性则就其全体而万物所得以为生者言之,理则就其事事物物各有其则者言之。到得合而言之,则天即理也,命即性也,性即理也,是如此否?曰然。"故朱子之所谓理,与希腊斯多噶派之所谓理,皆预想一客观的理,存于生天、生地、生人之前,而吾心之理,不过其一部分而已。于是理之概念,自物理学上之意义出,至宋以后,而遂得形而上学之意义。

(五)理之主观的性质　如上所述,理者,主观上之物也。故对朱子之实在论,而有所谓观念论者起焉。夫孟子既以理为心之所同然,至王文成则明说之曰:"夫物理不外于吾心,外吾心而求物理,无物理矣。遗物理而求吾心,吾心又何物?"我国人之说理者,未有深切著明如此者也。其在西洋,则额拉吉来图及斯多噶派之理说,固为今日学者所不道;即充足理由原则之一种,即所谓因果律者,自雅里大德勒之范畴说以来,久视为客观上之原则。然希腊之怀疑派驳之于先,休蒙论之于后,至汗德、叔本华,而因果律之有主观的性质,遂为不可动之定论。休蒙谓因果之关系,吾人不能直观之,又不能证明之者也。凡吾人之五官所得直观者,乃时间上之关系,即一事物之续他事物而起之事实是也。吾人解此连续之事物为因果之关系,此但存于吾人之思索中,而不存于事物。何则?吾人于原因之观念中,不能从名学上之法则而演绎结果之观念,又结果之观念中,亦不含原因之观念,故因果之关系,决非分析所能得也。其所以有因果之观念者,实由观念联合之法则而生,即由观念之互相连续者，屡反复于吾心，于是吾人始感其间有必然之关系，遂疑此关系亦存于客观上之外物。易言以明之，即自主观上之必然的关系，转而视为客观上之必然的关系，此因果之观念之所由起也。汗德力拒此说，而以因果律为悟性先天之范畴，而非得于观念联合之习惯；然谓宇宙不能赋吾心以法则，而吾心实与宇宙以法则，则其视此律为主观的而非客观的，实与休蒙同也。此说至叔本华而更精密证明之。叔氏谓吾人直观时，已有悟性（即自果推因之作用）之作用行乎其间。当一物之呈于吾前也，吾人所直接感之者，五官中之感觉耳。由此主观上之感觉，进而求其因于客观上之外物，于是感觉遂变而为直观，此因果律之最初之作用也。由此主观与客观间之因果之关系，而视客观上之外物，其间亦皆有因果之关系，此于先天中预定之者也。而此先天中之所预定，所以能于后天中证明之者，则以此因果律乃吾人悟性之形式，而物之现于后天中者，无不入此形式故。其《充足理由》论文之所陈述，实较之汗德之说更为精密完备也。夫以充足理由原则中之因果律，即事实上之理由，犹全属吾人主观之作用，况知识上之理由，及吾人知力之一种之理性乎！要之，以理为有形而上学之意义者，与《周易》及毕达哥拉斯派以数为有形而上学之意义同，自今日视之，不过一幻影而已矣。

由是观之，则所谓理者，不过理性、理由二义，而二者皆主观上之物也。然则古今东西之言理者，何以附以客观的意义乎？曰：此亦有所自。盖人类以有概念之知识，故有动物所不能者之利益，而亦陷于动物不能陷之误谬。夫动物所知者，个物耳。就个物之观念，但有全偏明昧之别，而无正误之别。人则以有概念，故从此犬彼马之个物之观念中，抽象之而得"犬"与"马"之观念；更从犬、马、牛、羊及一切跂行喙息之观念中，抽象之而得"动物"之观念；更合之植物、矿物而得"物"之观念。夫所谓"物"，皆有形质可衡量者也。而此外尚有不可衡量之精神作用，而人之抽象力进而不已，必求一语以赅括之，无以名之，强名之曰"有"。然离心与物之外，非别有所谓"有"也；离动、植、矿物以外，非别有所谓"物"也；离犬、马、牛、羊及一切跂行喙息之属外，非别有所谓"动物"也；离此犬彼马之外，非别有所谓"犬"与"马"也。所谓马者，非此马即彼马，非白马即黄马、骊马，如谓个物之外，别有所谓马者，非此非彼，非黄非骊非他色，而但有马之公共之性质，此亦三尺童子之所不能信也。故所谓"马"者，非实物也，概念而已矣。而概念之不甚普遍者，其离实物也不远，故其生误解也不多。至最普遍之概念，其初固亦自实物抽象而得，逮用之既久，遂忘其所自出，而视为表特别之一物，如上所述"有"之概念是也。夫离心物二界，别无所谓"有"，然古今东西之哲学，往往以"有"为有一种之实在性，在我中国则谓之曰太极，曰玄，曰道；在西洋则谓之曰神。及传衍愈久，遂以为一自证之事实，而若无待根究者，此正柏庚所谓"种落之偶像",汗德所谓"先天之幻影"。人而不求真理则已,人而唯真理之是求,则此等谬误,不可不深察而明辨之也。理之概念,亦岂异于此!其在中国语中,初不过自物之可分析而有系统者,抽象而得此概念,辗转相借,而遂成朱子之理即太极说;其在西洋,本但有理由及理性之二义,辗转相借,而前者生斯多噶派之宇宙大理说,后者生汗德以降之超感的理性说,所谓由灯而之檠,由烛而之钥,其去理之本义,固已远矣。此无他,以理之一语为不能直观之概念,故种种误谬,得附此而生也。而所谓太极,所谓宇宙大理,所谓超感的理性,不能别作一字,而必借理字以表之者,则又足以证此等观念之不存于直观之世界,而惟寄生于广莫暗昧之概念中。易言以明之,不过一幻影而已矣。故为之考其语源,并其变迁之迹,且辨其性质之为主观的而非客观的。世之好学深思之君子,其亦有取于此欤?

由上文观之,则理之意义,以理由而言,为吾人知识之普遍之形式;以理性而言,则为吾人构造概念及定概念间之关系之作用,而知力之一种也。故理之为物,但有主观的意义,而无客观的意义。易言以明之,即但有心理学上之意义,而无形而上学上之意义也。然以理性之作用,为吾人知力作用中之最高者,又为动物之所无而人之所独有,于是但有心理学上之意义者,于前所述形而上学之意义外,又有伦理学上之意义。此又中外伦理学之所同,而不可不深察而明辨之者也。

理之有伦理学上之意义，自《乐记》始。《记》曰："人生而静，天之性也。感于物而动，性之欲也。物至知知，然后好恶形焉。好恶无节于内，知诱于外，不能反躬，天理灭矣。夫物之感人无穷，而人之好恶无节，则是物至而人化物也。人化物也者，灭天理而穷人欲者也。"此天理对人欲而言，确有伦理上之意义。然则所谓天理果何物欤？案《乐记》之意，与《孟子》小体大体之说极相似。今援《孟子》之说以解之曰："耳目之官不思，而蔽于物，物交物，则引之而已矣。心之官则思，思则得之，不思则不得也。此天之所以与我者，先立乎其大者，则其小者不能夺也。"由此观之，人所以引于物者，乃由不思之故。而思（定概念之关系）者，正理性之作用也。然则《乐记》之所谓天理，固指理性言之。然理性者知力之一种，故理性之作用，但关于真伪，而不关于善恶。然在古代，真与善之二概念之不相区别，故无足怪也。至宋以降，而理欲二者，遂为伦理学上反对之二大概念。程子曰："人心莫不有知，蔽于人欲，则亡天理矣。"上蔡谢氏曰："天理与人欲相对，有一分人欲，即灭却一分天理；存一分天理，即胜得一分人欲。"于是理之一字，于形而上学之价值（实在）外，兼有伦理学上之价值（善）。其间惟朱子与国朝婺源戴氏之说，颇有可味者。朱子曰："有个天理，便有个人欲。盖缘这个天理，须有个安顿处，才安顿得不恰好，便有人欲出来。"又曰："天理人欲，分数有多少。天理本多，人欲也便是天理里面做出来；虽是人欲，人欲中自有天理。"戴东原氏之意与朱子同，而颠倒其次序而言之曰："理也者，情之不爽失也。"又曰："天理云者，言乎自然之分理也。自然之分理，以我之情，絜人之情，而无不得其平是也。"朱子所谓"安顿得好"，与戴氏所谓"絜人之情而无不得其平"者，则其视理也，殆以"义"字、"正"字、"恕"字解之。于是"理"之一语，又有伦理学上之价值。其所异者，惟朱子以理为人所本有，而安顿之不恰好者，则谓之欲；戴氏以欲为人所本有，而安顿之使无爽失者理也。

其在西洋之伦理学中亦然。柏拉图分人性为三品：一曰嗜欲，二曰血气，三曰理性。而以节制嗜欲与血气，而成克己与勇毅二德为理性之任，谓理性者，知识与道德所税驾之地也。厥后斯多噶派亦以人性有理性及感性之二元质，而德之为物，只在依理而克欲。故理性之语，亦大染伦理学之色彩。至近世汗德而遂有实践理性之说，叔本华于其《汗德哲学批评》中，极论之曰："汗德以爱建筑上之配偶，故其说纯粹理性也，必求其匹偶。"而说实践理性，而雅里大德勒之 Nous praktikos 与烦琐哲学之 Intellectus practicus（皆实践知力之义）二语，已为此语之先导，然其意与二者大异。彼以理性为人类动作之伦理的价值之所由生，谓一切人之德性及高尚神圣之行，皆由此出，而无待于其他。故由彼之意，则合理之动作，与高尚神圣之动作为一，而私利惨酷卑陋之动作，但不合理之动作而已。然不问时之古今、地之东西，一切国语皆区别此二语（理性与德性）；即在今日，除少数之德意志学者社会外，全世界之人，犹执此区别。夫欧洲全土所视为一切德性之模范者，非基督教之开祖之生活乎？如谓彼之生活为人类最合理之生活，彼之教训示人以合理的生活之道，则人未有不议其大不敬者也。今有人焉，从基督之教训，而不计自己之生活，举其所有以拯无告之穷民，而不求其报，如此者，人固无不引而重之，然孰敢谓其行为为合理的乎？或如阿诺尔特以无上之勇，亲受敌人之刃，以图其国民之胜利者，孰得谓之合理的行为乎？又自他方面观之，今有一人焉，自幼时以来，深思远虑，求财产与名誉，以保其一身及妻子之福祉。彼舍目前之快乐，而忍社会之耻辱，不寄其心于美学及哲学等无用之事业，不费其日于不急之旅行，而以精确之方法，实现其身世之目的，彼之生涯，虽无害于世，然终其身无一可褒之点。然孰不谓此种俗子，有非常之推理力乎？又设有一恶人焉，以卑劣之策猎取富贵，甚或盗国家而有之，然后以种种诡计，蚕食其邻国，而为世界之主。彼其为此也，坚忍果戾而不夺于正义及仁爱之念，有妨彼之计划者，蔑之、除之、屠之、刈之，而无所顾，驱亿万之民于刀锯缧绁而无所悯，然且厚酬其党类及助己者而无所吝，以达其最大之目的。孰不谓彼之举动，全由理性出者乎？当其设此计划也，必须有最大之悟性，然执行此计划，必由理性之力。此所谓实践理性者非欤？将谨慎与精密，深虑与先见，马启万里所以描写君主者，果不合理的欤？夫人知其不然也，要知大恶之所由成，不由于其乏理性，而反由与理性同盟之故。故汗德以前之作者，皆以良心为伦理的冲动之源，以与理性相对立。卢梭于其《哀美耳》中，既述二者之区别；即雅里大德勒亦谓德性之根源，不存于人性之合理的部分，而存于其非理的部分。基开碌所谓理性者，罪恶必要之手段，其意亦谓此也。何则？理性者，吾人构造概念之能力也。而概念者，乃一种普遍而不可直观之观念，而以言语为之记号，此所以使人异于禽犬，而使于圆球上占最优之位置者也。盖禽犬常为现在之奴隶，而人类则以有理性之故，能合人生及世界之过去未来而统计之，故能不役于现在，而作有计划有系统之事业，可以之为善，亦可以之为恶。而理性之关于行为者，谓之实践理性，故所谓实践理性者，实与拉丁语之 Prudentra（谨慎小心）相似，而与伦理学上之善，无丝毫之关系者也。

吾国语中之理字，自宋以后，久有伦理学上之意义，故骤闻叔本华之说，固有未易首肯者。然理之为义，除理由、理性以外，更无他解。若以理由言，则伦理学之理由，所谓动机是也。一切行为，无不有一物焉为之机括，此机括或为具体的直观，或为抽象的概念，而其为此行为之理由则一也。由动机之正否，而行为有善恶，故动机虚位也，非定名也。善亦一动机，恶亦一动机，理性亦然。理性者，推理之能力也。为善由理性，为恶亦由理性，则理性之但为行为之形式，而不足为行为之标准，昭昭然矣。惟理性之能力，为动物之所无，而人类之所独有，故世人遂以形而上学之所谓真，与伦理学之所谓善，尽归诸理之属性；不知理性者，不过吾人知力之作用，以造概念，以定概念之关系，除为行为之手段外，毫无关于伦理上之价值。其所以有此误解者，由理之一字，乃一普遍之概念故，此又前篇之所极论而无待赘述者也。

（原载《教育世界》杂志1904年）

原命

我国哲学上之议论，集于"性"与"理"二字，次之者"命"也。命有二义：通常之所谓命，《论语》所谓"死生有命"是也；哲学上之所谓命，《中庸》所谓"天命之谓性"是也。命之有二义，其来已古，西洋哲学上亦有此二问题。其言祸福寿夭之有命者，谓之定命论（Fatalism）；其言善恶贤不肖之有命，而一切动作皆由前定者，谓之定业论（Determinism）。而定业论与意志自由论之争，尤为西洋哲学上重大之事实，延至今日，而尚未得最终之解决。我国之哲学家除墨子外，皆定命论者也。然遽谓之定业论者，则甚不然。古代之哲学家中，今举孟子以代表之。孟子之为持定命论者，而兼亦持意志自由论，得由下二章窥之。其曰：

求则得之，舍则失之，是求有益于得也，求在我者也。求之有道，得之有命，是求无益于得也，求在外者也。

又曰:

> 口之于味也,目之于色也,耳之于声也,鼻之于臭也,四肢之于安佚也,性也,有命焉,君子弗谓性也。仁之于父子也,义之于君臣也,礼之于宾主也,智之于贤者也,圣人之于天道也,命也,有性焉,君子弗谓命也。

前章之所谓命,即"死生有命"之命,后章之命,与"天命之谓性"之命略同,而专指气质之清浊而言之。其曰"命也,有性焉,君子不谓命也",则孟子之非定业论者,昭昭然矣。至宋儒亦继承此思想,今举张横渠之言以代表之。张子曰:

> 形而后有气质之性,善反之则天地之性存焉。故气质之性,君子有弗性焉。
>
> (《正蒙·诚明篇》)

通观我国哲学上,实无一人持定业论者,故其昌言意志自由论者,亦不数数觏也。然我国伦理学无不预想此论者,此论之果确实与否,正吾人今日所欲研究者也。

我国之言命者,不外定命论与非定命论二种。二者于哲学上非有重大之兴味,故可不论。又我国哲学上无持定业论者,其他经典中所谓命,又与"性"字、与"理"字之义相近。朱子所谓："天则就其自然者言之，命则就其流行而赋于物者言之，性则就其全体而万物所得以为生者言之，理则就其事事物物各有其则者言之。到得合而言之，则天即理也，命即性也，性即理也。"而二者之说，已见于余之《释理》《论性》二篇，故亦可不论。今转而论西洋哲学上与此相似之问题，即定业论与自由意志论之争，及其解决之道，庶于吾国之性命论上，亦不无因之明晰云尔。

定业论者之说曰：吾人之行为，皆为动机所决定。虽吾人有时于二行为间，或二动机间，若能选择其一者，然就实际言之，不过动机之强者，制动机之弱者，而己之选择作用无与焉。故吾人行为之善恶，皆必然的。因之吾人品性之善恶，亦必然的，而非吾人自由所为也。意志自由论反是，谓吾人于二动机间，有自由之选择力，而为一事与否，一存于吾人之自由，故吾人对自己之行为及品性，不能不自负其责任。此二者之争，自希腊以来，永为哲学上之题目。汗德《纯理批评》之第三《安梯诺朱》中所示正理及反理之对立，实明示此争论者也。

此二论之争论而不决者，盖有由矣。盖从定业论之说，则吾人对自己之行为，无丝毫之责任，善人不足敬，而恶人有辞矣。从意志自由论之说，则最普遍最必然之因果律，为之破灭，此又爱真理者之所不任受也。于是汗德始起而综合此二说曰：在现象之世界中，一切事物，必有他事物以为其原因，而此原因复有他原因以为之原因，如此递衍，以至于无穷，无往而不发见因果之关系。故吾人之经验的品性中，在在为因果律所决定，故必然而非自由也。此则定业论之说，真也。然现象之世界外，尚有本体之世界，故吾人经验的品性外，亦尚有睿智的品性，而空间时间及因果律，只能应用于现象之世界，本体之世界则立于此等知识之形式外。故吾人之睿智的品性，自由的非必然的也。此则意志自由论之说，亦真也。故同一事实，自现象之方面言之，则可谓之必然，而自本体之方面言之，则可谓之自由。而自由之结果，得现于现象之世界中，所谓无上命法是也。即吾人之处一事也，无论实际上能如此与否，必有当如此不当如彼之感，他人亦不问我能如此否。苟不如此，必加以呵责，使意志而不自由，则吾人不能感其当然，他人亦不能加以责备也。今有一妄言者于此，自其经验的品性言之，则其原因存于不良之教育，腐败之社会，或本有不德之性质，或缺羞恶之感情，又有妄言所得之利益之观念，为其目前之动机，以决定此行为。而吾人之研究妄言之原因也，亦得与研究自然中之结果之原因同。然吾人决不因其固有之性质故，决不因其现在之境遇故，亦决不因前此之生活状态故，而不加以责备，其视此等原因，若不存在者。然而以此行为为彼之所自造，何则？吾人之实践理性，实离一切经验的条件而独立，以于吾人之动作中生一新方向。故妄言之罪，自其经验的品性言之，虽为必然的，然睿智的品性，不能不负其责任也。

此汗德之调停说之大略也。

汗德于是下自由之定义。其消极之定义曰：意志之离感性的冲动而独立；其积极之定义则曰：纯粹理性之能现于实践也。然意志之离冲动而独立，与纯粹理性之现于实践，更无原因以决定之欤？汗德亦应之曰：有理性之势力即是也。故汗德以自由为因果之一种。但自由之因果，与自然之因果，其性质异耳。然既有原因以决定之矣，则虽欲谓之自由，不可得也。其所以谓之自由者，则以其原因在我而不在外物，即在理性而不在外界之势力，故此又大不然者也。吾人所以从理性之命令，而离身体上之冲动而独立者，必有种种之原因。此原因不存于现在，必存于过去；不存于个人之精神，必存于民族之精神。而此等表面的自由，不过不可见之原因战胜可见之原因耳。其为原因所决定，仍与自然界之事变无以异也。

叔本华亦绍述汗德之说，而稍正其误，谓动机律之在人事界，与因果律之在自然界同。故意志之既入经验界，而现于个人之品性以后，则无往而不为动机所决定，惟意志之自己拒绝或自己主张，其结果虽现于经验上，然属意志之自由。然其谓意志之拒绝自己，本于物我一体之知识，则此知识，非即拒绝意志之动机乎？则自由二字，意志之本体，果有此性质否，吾不能知。然其在经验之世界中，不过一空虚之概念，终不能有实在之内容也。

然则吾人之行为，既为必然的而非自由的，则责任之观念,又何自起乎?曰:一切行为,必有外界及内界之原因。此原因不存于现在,必存于过去;不存于意识,必存于无意识。而此种原因,又必有其原因。而吾人对此等原因,但为其所决定,而不能加以选择。如汗德所引妄言之例,固半出于教育及社会之影响,而吾人之人如此之社会,受如此之教育,亦有他原因以决定之。而此等原因,往往为吾人所不及觉。现在之行为之不适于人生之目的也,一若当时全可以自由者,于是有责任及悔恨之感情起。而此等感情,以为心理上一种之势力故,故足为决定后日行为之原因。此责任之感情之实践上之价值也。故吾人责任之感情,仅足以影响后此之行为,而不足以推前此之行为之自由也。余以此二论之争,与命之问题相联络,故批评之于此,又使世人知责任之观念,自有实在上之价值,不必借意志自由论为羽翼也。

(原载《教育世界》杂志1906年)

孔子之教人，于诗乐外，

　　尤使人玩天然之美。

故习礼于树下，言志于农山，

　　游于舞雩，叹于川上。

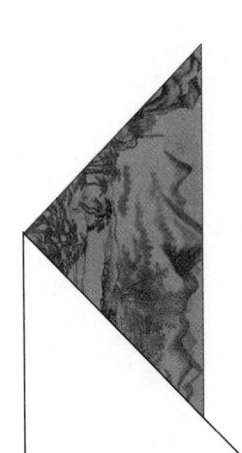

第二编

心有猛虎，
细嗅蔷薇

孔子之美育主义

诗云："世短意常多，斯人乐久生。"岂不悲哉！人之所以朝夕营营者，安归乎？归于一己之利害而已。人有生矣，则不能无欲；有欲矣，则不能无求；有求矣，不能无生得失，得则淫，失则戚：此人人之所同也。世之所谓道德者，有不为此嗜欲乏羽翼者乎？所谓聪明者，有不为嗜欲之耳目者乎？避苦而就乐，喜得而恶丧，怯让而勇争。此又人人之所同也。于是，内之发于人心也，则为苦痛；外之见于社会也，则为罪恶。然世终无可以除此利害之念，而泯人己之别者欤？将社会之罪恶固不可以稍减，而人心之苦痛遂长此终古欤？曰：有，所谓"美"者是已。

美之为物，不关于吾人之利害者也。吾从观美时，亦不知有一己之利害。德意志之大哲人汗德，以美之快乐为不关利害之快乐（Disinteresed Pleasure）。至叔本华而分析观美之状态为二原质：（一）被观之对象，非特别之物，而此物之种类之形式；（二）观者之意识，非特别之我，而纯粹无欲之我也（《意志及观念之世界》第一册二百五十三页。按，指英译本）。何则？由叔氏之说，人之根本在生活之欲，而欲常起于空乏。既偿此欲，则此欲以终；然欲之被偿者一，而不偿者十百；一欲既终，他欲随之：故究竟之慰藉终不可得。苟吾人之意识而充以嗜欲乎？吾人而为嗜欲之我乎？则亦长此辗转于空乏、希望与恐怖之中而已，欲求福祉与宁静，岂可得哉！然吾人一旦因他故而脱此嗜欲之网，则吾人之知识已不为嗜欲之奴隶，于是得所谓无欲之我。无欲故无空乏，无希望，无恐怖；其视外物也，不以为与我有利害之关系，而但视为纯粹之外物。此境界唯观美时有之。苏子瞻所谓"寓意于物"（《宝绘堂记》）；邵子曰："圣人所以能一万物之情者，谓其能反观也。所以谓之反观者，不以我观物也。不以我观物者，以物观物之谓也。既能以物观物，又安有我于其间哉？"（《皇极经世·观物内篇》七）此之谓也。其咏之于诗者，则如陶渊明云："采菊东篱下，悠然见南山。山气日夕佳，飞鸟相与还。此中有真意，欲辨已忘言。"谢灵运云："昏旦变气候，山水含清晖。清晖能娱人，游子憺忘归。"或如白伊龙云："I live not in myself, but I become Portion of that around me; and to me High mountains are a feeling."。皆善咏此者也。

夫岂独天然之美而已，人工之美亦有之。宫观之瑰杰，雕刻之优美雄丽，图画之简淡冲远，诗歌音乐之直诉人之肺腑，皆使人达于无欲之境界。故泰西自雅里大德勒以后，皆以美育为德育之助。至近世，谑夫志培利、赫启孙等皆从之。及德意志之大诗人希尔列尔出,而大成其说,谓人日与美相接,则其感情日益高,而暴慢鄙倍之心自益远。故美术者,科学与道德之生产地也。又谓审美之境界乃不关利害之境界,故气质之欲灭,而道德之欲得由之以生。故审美之境界乃物质之境界与道德之境界之津梁也。于物质之境界中,人受制于天然之势力;于审美之境界则远离之;于道德之境界则统御之(希氏《论人类美育之书简》)。由上所说,则审美之位置犹居于道德之次。然希氏后日更进而说美之无上之价值,曰:"如人必以道德之欲克制气质之欲,则人性之两部犹未能调和也,于物质之境界及道德之境界中人性之一部,必克制之以扩充其他部。然人之所以为人,在息此内界之争斗,而使卑劣之感跻于高尚之感觉。如汗德之严肃论中气质与义务对立,犹非道德上最高之理想也。最高之理想存于美丽之心(Beautiful Soul),其为性质也,高尚纯洁,不知有内界之争斗,而唯乐于守道德之法则,此性质唯可由美育得之。"(芬特尔朋《哲学史》第六百页)此希氏最后之说也。顾无论美之与善,其位置孰为高下,而美育与德育之不可离,昭昭然矣。

今转而观我孔子之学说。其审美学上之理论虽不可得而知,然其教人也,则始于美育,终于美育。《论语》曰:"小子何莫学夫诗。诗可以兴,可以观,可以群,可以怨。迩之事父,远之事君。多识于鸟兽草木之名。"又曰:"兴于诗,立于礼,成于乐。"其在古昔,则胄子之教,典于后夔;大学之事,董于乐正。然则以音乐为教育之一科，不自孔子始矣。荀子说其效曰："乐者，圣人之所乐也，而可以善民心。其感人深，其移风易俗。……故乐行而志清，礼修而行成，耳目聪明，血气和平，移风易俗，天下皆宁。"（《乐论》）此之谓也。故"子在齐闻《韶》"，则"三月不知肉味"。而《韶》乐之作，虽絜壶之童子，其视精，其行端。音乐之感人，其效有如此者。

且孔子之教人，于诗乐外，尤使人玩天然之美。故习礼于树下，言志于农山，游于舞雩，叹于川上，使门弟子言志，独与曾点。点之言曰："莫春者，春服既成，冠者五六人，童子六七人，浴乎沂，风乎舞雩，咏而归。"由此观之，则平日所以涵养其审美之情者可知矣。之人也，之境也，固将磅礴万物以为一，我即宇宙，宇宙即我也。光风霁月不足以喻其明，泰山华岳不足以语其高，南溟渤澥不足以比其大。邵子所谓"反观"者非欤？叔本华所谓"无欲之我"、希尔列尔所谓"美丽之心"者非欤？此时之境界：无希望，无恐怖，无内界之争斗，无利无害，无人无我，不随绳墨而自合于道德之法则。一人如此，则优入圣域；社会如此，则成华胥之国。孔子所谓"安而行之"，与希尔列尔所谓"乐于守道德之法则"者，舍美育无由矣。

（原载《教育世界》杂志1904年）

屈子文学之精神

我国春秋以前，道德政治上之思想可分之为二派：一帝王派，一非帝王派。前者称道尧、舜、禹、汤、文、武，后者则称其学出于上古之隐君子（如庄周所称广成子之类），或托之于上古之帝王。前者近古学派，后者远古学派也；前者贵族派，后者平民派也；前者入世派，后者遁世派（非真遁世派，知其主义之终不能行于世，而遁焉者也）也；前者热性派，后者冷性派也；前者国家派，后者个人派也；前者大成于孔子、墨子，而后者大成于老子（老子，楚人，在孔子后，与孔子问礼之老聃系二人。说见汪容甫《述学·老子考异》），故前者北方派，后者南方派也。此二派者，其主义常相反对，而不能相调和，观孔子与接舆、长沮、桀溺、荷蓧丈人之关系，可知之矣。战国后之诸学派，无不直接出于此二派，或出于混合此二派，故虽谓吾国固有之思想，不外此二者，可也。

夫然，故吾国之文学，亦不外发表二种之思想。然南方学派则仅有散文的文学，如《老子》《庄》《列》是已。至诗歌的文学，则为北方学派之所专有。《诗三百篇》大抵表北方学派之思想者也，虽其中如《考槃》《衡门》等篇，略近南方之思想，然北方学者所谓"用之则行，舍之则藏""有道则见，无道则隐"者，亦岂有异于是哉？故此等谓之南北公共之思想则可，必非南方思想之特质也。然则诗歌的文学，所以独出于北方之学派中者，又何故乎？

诗歌者，描写人生者也（用德国大诗人希尔列尔之定义）。此定义未免太狭，今更广之曰描写自然及人生，可乎？然人类之兴味，实先人生而后自然，故纯粹之模山范水、流连光景之作，自建安以前，殆未之见。而诗歌之题目，皆以描写自己之感情为主。其写景物也，亦必以自己深邃之感情为之素地，而始得于特别之境遇中，用特别之眼观之。故古代之诗所描写者，特人生之主观的方面；而对人生之客观的方面，及纯处于客观界之自然，断不能以全力注之也。故对古代之诗，前之定义宁苦其广，而不苦其隘也。

诗之为道，既以描写人生为事，而人生者，非孤立之生活，而在家族、国家及社会中之生活也。北方派之理想，置于当日之社会中；南方派之理想，则树于当日之社会外。易言以明之，北方派之理想，在改作旧社会；南方派之理想，在创造新社会。然改作与创造，皆当日社会之所不许也。南方之人，以长于思辩，而短于实行，故知实践之不可能，而即于其理想中求其安慰之地，故有遁世无闷，嚣然自得以没齿者矣。若北方之人，则往往以坚忍之志，强毅之气，持其改作之理想，以与当日之社会争；而社会之仇视之也，亦与其仇视南方学者无异，或有甚焉。故彼之视社会也，一时以为寇，一时以为亲，如此循环，而遂生欧穆亚（Humour）之人生观。《小雅》中之杰作，皆此种竞争之产物也。且北方之人，不为离世绝俗之举，而日周旋于君臣、父子、夫妇之间，此等在在界以诗歌之题目，与以作诗之动机。此诗歌的文学，所以独产于北方学派中，而无与于南方学派者也。

然南方文学中，又非无诗歌的原质也。南人想象力之伟大丰富，胜于北人远甚。彼等巧于比类，而善于滑稽，故言大则有若北溟之鱼，语小则有若蜗角之国；语久则大椿冥灵，语短则蟪蛄朝菌；至于襄城之野，七圣皆迷；汾水之阳，四子独往，此种想象决不能于北方文学中发见之。故《庄》《列》书中之某部分，即谓之散文诗，无不可也。夫儿童想象力之活泼，此人人公认之事实也，国民文化发达之初期亦然，古代印度及希腊之壮丽之神话，皆此等想象之产物。以我中国论，则南方之文化发达较后于北方，则南人之富于想象，亦自然之势也。此南方文学中之诗歌的特质之优于北方文学者也。

由此观之，北方人之感情，诗歌的也，以不得想象之助，故其所作遂止于小篇；南方人之想象，亦诗歌的也，以无深邃之感情之后援，故其想象亦散漫而无所丽，是以无纯粹之诗歌。而大诗歌之出，必须俟北方人之感情与南方人之想象合而为一，即必通南北之驿骑而后可，斯即屈子其人也。

屈子南人而学北方之学者也。南方学派之思想，本与当时封建贵族之制度不能相容。故虽南方之贵族，亦常奉北方之思想焉。观屈子之文，可以征之。其所称之圣王，则有若高辛、尧、舜、禹、汤、少康、武丁、文、武，贤人则有若皋陶、挚说、彭、咸（谓彭祖、巫咸，商之贤臣也，与"巫咸将夕降兮"之巫咸，自是二人，《列子》所谓"郑有神巫，名季咸"者也）、比干、伯夷、吕望、宁戚、百里、介推、子胥，暴君则有若夏启、羿、浞、桀、纣，皆北方学者之所常称道，而于南方学者所称黄帝、广成等不一及焉。虽《远游》一篇，似专述南方之思想，然此实屈子愤激之词，如孔子之居夷浮海，非其志也。《离骚》之卒章，其旨亦与《远游》同，然卒曰："陟升皇之赫戏兮，忽临睨夫旧乡。仆夫悲余马怀兮，蜷局顾而不行。"《九章》中之《怀沙》，乃其绝笔，然犹称重华、汤、禹，足知屈子固彻头彻尾抱北方之思想，虽欲为南方之学者，而终有所不慊者也。

屈子之自赞曰"廉贞"。余谓屈子之性格，此二字尽之矣。其廉固南方学者之所优为，其贞则其所不屑为，亦不能为者也。女媭之詈，巫咸之占，渔父之歌，皆代表南方学者之思想，然皆不足以动屈子。而知屈子者，唯詹尹一人。盖屈子之于楚，亲则肺腑，尊则大夫，又尝管内政外交上之大事矣，其于国家既同累世之休戚，其于怀王又有一日之知遇，一疏再放，而终不能易其志，于是其性格与境遇相得，而使之成一种之欧穆亚。《离骚》以下诸作，实此欧穆亚所发表者也。使南方之学者处此，则贾谊（《吊屈原文》）、扬雄（《反离骚》）是，而屈子非矣。此屈子之文学，所负于北方学派者也。

然就屈子文学之形式言之，则所负于南方学派者，抑又不少。彼之丰富之想象力，实与《庄》《列》为近。《天问》《远游》凿空之谈，求女谬悠之语，庄语之不足，而继之以谐，于是思想之游戏，更为自由矣。变《三百篇》之体而为长句，变短什而为长篇，于是感情之发表，更为宛转矣。此皆古代北方文学之所未有，而其端自屈子开之。然所以驱使想象而成此大文学者，实由其北方之胚挚的性格。此庄周等之所以仅为哲学家，而周秦间之大诗人，不能不独数屈子也。

要之，诗歌者，感情的产物也。虽其中之想象的原质（即知力的原质），亦须有胚挚之感情为之素地，而后此原质乃显。故诗歌者，实北方文学之产物，而非儇薄冷淡之夫所能托也。观后世之诗人，若渊明，若子美，无非受北方学派之影响者，岂独一屈子然哉！岂独一屈子然哉！

（原载《教育世界》杂志1906年）

国朝汉学派戴阮二家之哲学说

近世哲学之流，其胶浅枯涸，有甚于国朝三百年间者哉！国初承明之后，新安、姚江二派，尚相对垒，然各抱一先生之言，姝姝自悦，未有能发展明光大之者也。雍乾以后，汉学大行，凡不手许慎、不口郑玄者，不足以与于学问之事。于是昔之谈程朱、陆王者，屏息敛足，不敢出一语。至乾嘉之间，而国朝学术与东汉比隆矣，然其中之巨子，亦悟其说之庞杂破碎，无当于学，遂出汉学固有之范围外，而取宋学之途径。于是孟子以来所提出之人性论，复为争论之问题。其中之最有价值者，如戴东原之《原善》《孟子字义疏证》、阮文达之《性命古训》等，皆由三代秦汉之说，以建设其心理学及伦理学。其说之幽玄高妙，自不及宋人远甚；然一方复活先秦之古学，一方又加以新解释，此我国最近哲学上唯一有兴味之事，亦唯一可纪之事也。兹略述二氏之说如左。

戴氏之学说，详于《原善》及《孟子字义疏证》。然其说之系统，具于《读易系辞论性》一篇，兹录其全文于左。由此而读二书，则思过半矣。

《易》曰："一阴一阳之谓道，继之者善也，成之者性也。"一阴一阳，盖言天地之化不已也，道也。一阴一阳，其生生乎？其生生而条理乎？以是见天地之顺，故曰"一阴一阳之谓道"。生生，仁也。未有生生而不条理者。条理之秩然，礼至著也；条理之截然，义至著也，以是见天地之常，三者咸得，天下之至善也，人物之常也，故曰"继之者善也"。言乎人物之生，其善则与天地继承不隔者也。有天地，然后有人物；有人物，于是有人物之性。人与物同有欲，欲也者，性之事也。人与物同有觉，觉也者，性之能也。事能无有失，则协于天地之德，协于天地之德，理至正也。理也者，性之德也。言乎自然之谓顺，言乎必然之谓常，言乎本然之谓德。天下之道尽于顺，天下之教一于常，天下之性同之于德。性之事配阴阳五行，性之能配鬼神，性之德配天地之德。所谓血气心知之性，发于事能者是也。所谓天之性者，事能之无有失是也。为夫不知德者别言之也。人与物同有欲，而得之以生也各殊。人与物同有觉，而喻大者大，喻小者小也各殊。人与物之中正同协于天地之德，而存乎其得之以生，存乎喻大喻小之明昧也各殊。此之谓阴阳五行以成性，故曰"成之者性也"。善以言乎天下之大共也，性言乎成于人人之举凡自为。性其本也；所谓善无他焉，天地之化，性之事能，可以知善矣。君子之教也，以天下之大共正人之所自为，性之事能，合之则中正，违之则邪僻，以天地之常，俾人咸知由其常也。明乎天地之顺者，可与语道；察乎天地之常者，可与语善；通乎天地之德者，可与语性。

(《戴东原集》卷八)

宋儒之言性也，以性为即理。又虽分别理义之性与气质之性，然以欲为出于气质之性，而其所谓性，概指义理之性言。(朱子《论语》"性相近也"章注引程子曰："此言气质之性，非性之本也。若言其本，则性即是理，理无不善，孟子之言性善是也。何相近之有哉？"又《孟子》"生之谓性"章注："告子不知性之为理，而以所为气者当之。")故由宋儒之说，欲者，性以外之物；又义理者，欲以外之物也。戴氏则以欲在性中，而义理即在欲中。曰："欲也者，性之事也。事无有失，则协于天地之德，协于天地之德，理至正也。理也者，性之德也。"(见上)又曰："欲不流于私则仁，不溺而为慝则义，情发而中节则和，如是之谓天理。情欲未动，湛然无失，是为天性。非天性自天性，情欲自情欲，天理自天理也。"(《答彭进士书》)又曰："理也者，情之不爽失也。"(《孟子字义疏证》卷上)又曰："无过情、无不及情之谓性。"(同上)此所谓情兼欲而言之。兹将其论情及欲二条对照之可知：

问：古人之言天理，何谓也？曰：理也者，情之不爽失也，未有情不得而理得者也。凡有所施于人，反躬而静思之：人以此施于我，能受之乎？凡有所责于人，反躬而静思之：人以此责于我，能尽之乎？以我絜之人则理明。天理云者，言乎自然之分理也；自然之分理，以我之情絜人之情，而无不得其平是也。《乐记》曰："人生而静，天之性也。感于物而动，性之欲也。物至知知，然后好恶形焉。好恶无节于内，知诱于外，不能反躬，天理灭矣。""夫物之感人无穷，而人之好恶无节，则是物至而人化物也。人化物也者，灭天理而穷人欲者也。于是有悖逆诈伪之心，有淫佚作乱之事。是故强者胁弱，众者暴寡，知者诈愚，勇者苦怯，疾病不养，老幼孤独不得其所。此大乱之道也。"诚以弱、寡、愚、怯与夫疾病、老幼、孤独，反躬而思其情，人岂异于我？盖方其静也，未感与物，其血气心知，湛然无有失，故曰"天之性"；及其感而动，则欲出于性；一人之欲，天下人之所同欲也，故曰"性之欲"。好恶既形，遂己之好恶，忘人之好恶，往往贼人以逞欲。反躬者，以人逞其欲，思身受之之情也。情得其平，是为好恶之节，是为依乎天理。古人所谓天性，未有如后儒所谓天理者矣。

（《孟子字义疏证》卷上）

又曰：

> 问：《乐记》言"灭天理而穷人欲"，其言有似以理欲为正邪之别，何也？曰：性，譬则水也；欲，譬则水之流也。节而不过，则为依乎"天理"，为相生相养之道，譬则水由地中行也；"穷人欲"而至于"有悖逆诈伪之心，有淫佚作乱之事"，譬则洪水横流，泛滥于中国也。圣人教之反躬，以己之加于人，设人如是加于己，而思躬受之之情，譬则禹之行水，行其所无事，非恶泛滥而塞其流也。恶泛滥而塞其流，其立说之工者直绝其源，是過欲无欲之喻也。"口之于味也，目之于色也，耳之于声也，鼻之于臭也，四肢之于安佚也"，此后儒视为人欲之私者，而孟子曰"性也"，继之曰"有命焉"。命者，限制之名，如命之东则不得而西，言性之欲之不可无节也。节而不过，则依乎天理，非以天理为正、人欲为邪也。天理者，节其欲而不穷人欲也。是故欲不可穷，非不可有，有而节之，使无过情，无不及情，可谓之非天理乎！

（同上）

由此观之，上之所谓情，即此之所谓欲也。其与彭进士（绍升）书所谓"情者，有亲疏长幼尊卑，而发于自然"，又曰欲患其过，而情患其不及者，则狭义之情，而非此所谓情也。此所谓情者，欲而已矣。而欲之得其平，得其节者，即谓之理。又引《中庸》之"文理"，《乐记》之"伦理"，《孟子》之"条理"，《庄子》之"天理"(《养生主》)，《韩非子》之"腠理"之训，以为理者，非具于物之先，而存于物之中，物之条分缕析者即是也。盖生生者，天地之性，由是而有阴阳五行，由是而有山川原隰，由是而有飞潜动植。所谓"生生而条理"者也，此天地之理也。人之性感于物而动，于是乎有欲，天下之人，各得遂其欲而无所偏，此人之理也。而使吾人之欲，在在依乎天理，其道在行孔子之所谓"恕"，《大学》所谓"絜矩之道"。所谓"理"者，自客观上言之，所谓"恕"与"絜矩之道"者，自主观上言之；所谓"理"者，自其究竟言之，所谓"恕"与"絜矩之道"者，自其手段言之，其实则一而已矣。

然则使吾人节人欲而依乎天理者何欤？使吾人以己之情絜人之情，而无不得其平者何欤？夫戴氏之所谓性，固兼心知与血气言之，则所以使吾人如此者，其为心知必矣。故曰：

凡血气之属，皆有精爽。其心之精爽、巨细不同。如火光之照物，光小者其照也近，所照者不谬也，所不照者疑谬承之，不谬之谓得理；其光大者其照也远，得理多而失理少。且不特远近也，光之及又有明暗，故于物有察有不察；察者尽其实，不察斯疑谬承之，疑谬之谓失理。失理者，限于质之昧，所谓愚也。惟学可以增益其不足而进于智，益之不已，至乎其极，如日月有明，容光必照，则圣人矣。

（《孟子字义疏证》卷上）

然则如戴氏之说，则非理之行，存于知之失，而不存于欲之失，故驳周子无欲之说。又曰：

朱子亦屡言"人欲所蔽"，皆以为无欲则无蔽，非《中庸》"虽愚必明"之道也。有生而愚者，虽无欲亦愚也。凡出于欲，无非相生相养之事。欲之失，为私不为蔽。……私生于欲之失，蔽生于知之失。

（同上）

然由戴氏之说推之，则必欲之失根于知之失而后可，必私与蔽相因而后可。不然，则理者情欲之不爽失之谓，知之失，安得即谓之非理？今乃曰"欲之失为私不为蔽"，一若私与蔽全为二物者，自其哲学之全体观之，不可谓之非矛盾也。

厥后阮文达又推阐戴氏之说，而作《性命古训》(《揅经室一集》卷十)，复括其意作《节性斋主人小像跋》一篇(《揅经室再续集》卷一)，其文曰：

余讲学不敢似学案立宗旨，惟知言性则溯始《召诰》

之"节性",迨于《孟子》之"性善",不立空谈,不生异说而已。性字之造,于周召之前,从心则包仁、义、礼、智等在内,从生则包味、臭、色、声等在内。是故周召之时,解性字者朴实不乱。何也?字如此实造,事亦如此实讲。周召知性中有欲,必须节之。节者,如有所节制,使不逾尺寸也。以节字制天下后世之性,此圣人万世可行,得中庸之道也。《中庸》之"率性"(率同帅),犹《召诰》之"节性"也。……至于各义,已详余《性命古训》篇。

《虞夏书》内无性字,性字始见于《书·西伯戡黎》(天性)、《召诰》(节性)、《诗·卷阿》(弥性)。古性字之义,包于命字之中,其字乃商、周孳生之字,非仓颉所造。从心则包仁义等事(人非仁义,无以为生),从生则包食色等事(人非食色,无以生生)。孟子曰:"动心忍性。"若性但须复,何必言忍?忍即节也。

故阮氏之说,全祖戴氏,其所增益者,不过引《书·召诰》《诗·卷阿》之说,为戴氏之未及,又分析"性"之字义而已。二氏之意,在申三代、秦、汉之古义,以攻击唐、宋以后杂于老、佛之新学。戴氏于《孟子字义疏证》外,其攻击新学,尤详于《答彭进士书》。其弟子段若膺氏谓此书"以六经、孔、孟之旨,还之六经、孔、孟,以程、朱之旨还之程、朱，以陆、王、佛氏之旨还之陆、王、佛氏"。诚哉此言也！阮氏于《性命古训》中，亦力攻李翱复性之说。又作《塔性说》(《揅经室续集》卷三)，以为翻译者，但用典中"性"字，以当佛经无得而称之物，而唐人更以经中"性"字当之。其说与唐宋以来千余年之说，其优劣如何，暂置勿论。要之，以宋儒之说还宋儒，以三代之说还三代，而使吾人得明认三代与唐宋以后之说之所以异，其功固不可没也。

盖吾中国之哲学，皆有实际的性质，而此性质于北方之学派中为尤著。古代北方之学派中，非无深邃统一之哲学，然皆以实用为宗旨。《易》之旨在于前民用，《洪范》之志在于叙彝伦，故生生主义者，北方哲学之唯一大宗旨也。苟无当于生生之事者，北方学者之所不道。故孔、墨之徒，皆汲汲以用世为事，惟老庄之徒生于南方（庄子楚人，虽生于宋，而钓于濮水。陆德明《经典释文》曰："陈地，水也。"此时陈已为楚灭，则亦楚地也。故楚王欲以为相），遁世而不悔，其所说虽不出实用之宗旨，然其言性与道，颇有出于北方学者之外者。盖北方土地硗瘠，人民图生事之不暇，奚暇谈空理？其偏于实际，亦自然之势也。至江、淮以南，富水利，多鱼盐，其为生也较易，故有思索之余暇。《史记·货殖列传》曰：

> 总之，吴越之地，地广人稀，饭稻羹鱼，或火耕而水耨，果隋蠃蛤，不待贾而足，地势饶食，无饥馑之患，以

故呰窳偷生，无积聚而贫。是故江、淮以南，无冻饿之人，亦无千金之家。沂、泗水以北，宜五谷桑麻六畜，地小人众，数被水旱之害。

理论哲学之起于南方，岂不以此也乎？此外古代幽深玄远之哲学，所以起于印度、希腊者，其原因亦存于此。至魏晋以后，南方之哲学与印度哲学之一部代兴于中国，然以不合于我国人实际之性质，故我国北方之学者，亦自觉其理论之不如彼也。三者混合，而成宋元明三朝之学术，至国朝而三者之说俱微矣。自汉学盛行，而学者以其考证之眼，转而攻究古代之性命、道德之说，于是古代北方之哲学复明，而有复活之态。度戴、阮二氏之说，实代表国朝汉学派一般之思想，亦代表吾国人一般之思想者也。此足以见理论哲学之不适于吾国人之性质，而我国人之性质，其彻头彻尾实际的，有如是也，至数者，是非优劣之问题，则不具论于此。

（原载《教育世界》杂志1904年）

希腊大哲学家柏拉图传

柏拉图，雅典人。父曰雅里斯敦，母曰培利克却奈。或谓其世系出自濮瑟敦之神，经葛德洛、美兰特斯等若干世，而及于柏。其母则立法家梭伦之后，亦濮瑟敦神之远裔也。先世有名人，若克礼底亚，号为三十专制家之一，亦于柏为同族云。传者又谓其母培利克却奈感于亚波罗之神而生柏，斯则古史家言，荒唐不可信者矣。柏以纪元前四百二十九年生于雅喀拿，一说则谓纪元前四百二十七年生。原名雅里斯脱各烈，柏拉图其浑名也。希腊语谓"阔"为柏拉图，是或以肩与额之阔而得名欤？抑以其见识之广大而得名欤？柏氏有兄弟二人：曰亚底曼德，曰格罗坤；有姊妹一人，曰卜德霈。

柏拉图幼年受教完善，颇究心于体育。其体术之精，至能与褒的俄斯及地峡之擅长游戏者相争竞。盖希腊人之风尚使然也。然心鄙时人之只尚武勇，而他无所知，故于诗歌、音乐、修辞术亦潜心研究。旋自恨所作叙事诗不逮鄂谟尔，悉毁其稿。洎识苏格拉［第］（底）后，叹戏曲为无用，更举旧作诣狄俄纽沙神社焚之，由是终身不复言戏曲。年二十，始受业于苏格拉底之门，嗣后十年间皆师事苏氏。及苏遇害系狱，诣法庭辩其冤，乞许其师纳镪赎罪，而自与同门诸子为之证人，审官不容其说。苏格拉底卒后，柏氏乃从学于海拉克勒德（公译赫拉克利特）派之哲学家克拉邱陆与巴穆尼底派之哲学家谐谟格奈。旋与同门诸友访欧克勒的于美加拿。自是遂至非洲之克猷列奈，而学于数学家第奥多禄；又至义大利（公译意大利）而学于毕达拉哥拉斯（公译毕达哥拉斯）派之莞禄老斯及欧留德。一说则谓柏氏此时尝偕欧利毕第入埃及，就学于预言者。然观于柏氏之书，未一述及埃及事，则斯说固在疑信之间矣。

　　柏氏既遍游名山大川，恢拓其眼界，又获与诸宿儒交游，聆其言论，而造诣日精，不独于苏氏之学深有心得，又参以新义而大成之。然要其为学之大体，则恪守苏氏之说，未敢有以渝也。会亚细亚乱事起，道途梗阻，不得已归雅典。于是四方志士皆不远千里，风从云集，请业于柏氏之门，至有女子伪男装而至者。柏氏欲竟其师之宿志，以委身教育为任，设学校于海考第模之森林，名其校曰"阿考第密"。来学者概不索酬。今欧洲之专门学校犹称"阿考特密"，盖肇称于是。校之四周皆植枫及橄榄树，苍翠蔽空。其间有神社、有塑像，极观瞻之美。清泉一泓，环流校外，细响潺潺，盖最宜于静思冥想之地。是以［十］（千）载而下，诗人学者访古至海考第［穆］（模）之森林，未尝不仰溯前徽，而悠然神往也。

闻阿考第密风景之幽邃，读柏拉图《问答篇》而见其文字之优美，几疑柏氏设教，第专就哲学问题而骋雄词、表空想已耳。不知其所讲论者真理也，非虚饰也；研究也，非娱乐也；论理的也，非文学的也。柏氏尝榜其门曰："非已通几何学者不得入。"

柏氏三至细细利。其初适也，年既四十岁，曾往眺厄特讷火山而归。时君临休克萨拉者，曰德俄纽削斯一世，以专制为政，于希腊诸邦中最擅势力。王问于柏曰："今之最膺幸福者谁欤？"意欲柏氏之谀己也。柏氏答曰："莫如苏格拉底。"王不怿，曰："政治家所宜为者何事？"曰："在善其国民。"曰："其次为何？君谓听讼公平者为小事耶？"盖王固以善听讼称于时者。曰："然，小事耳。听讼公平者如治衣而补其缺。所谓政治家固自有远者大者在。"又问："专制之君其可谓勇者耶？"曰："否！是怯懦之尤者也，日虑人戕其生，虽剃刀之微亦惮之。"由是更以进德修身勿顾私利之义谏于王，王怒曰："子之言，老耄者之言耳。"柏不屈曰："王之言，暴君之言耳！"王怒，将杀之。王之义弟曰第奥恩者，哲学家而柏之弟子也，说王免其罪。适斯巴达使臣卜里斯来，王遂以柏氏交卜，卜将鬻之为奴，为克猷列奈人安尼凯黎所知，购而归诸柏之友。友集金以酬安，安不受曰："思柏拉图者，非仅其友也。"德俄纽削斯闻柏氏无恙归雅典，心窃不安，命人致言于柏，勿声其罪。柏漠然答曰："安有暇与德俄纽削斯计较者！"

柏氏之再至休克萨拉，则在德俄纽削斯一世故后。盖柏氏于著作中自抒政治法律之创见，为德俄纽削斯二世所悦，允假以殖民地，俾实施而试验之也。假地之约甫成，而第奥恩谋叛，柏以师弟之谊，致受嫌疑。幸德俄纽削斯二世敬其人，获返雅典。后柏氏三至休克萨拉，则为第奥恩与德俄纽削斯二世调解衅隙，然其说不行，几濒危难，遂决意归国。柏既归雅典，乃屏居阿考第密，专以陶育后进为志，不复他为。讲授之余，则从事著述，如《问答篇》一书尤其晚年所恃为娱乐者也。年八十三，卒于飨宴之席，或云实八十四岁，亦有谓为八十一岁、八十二岁者，不可考矣。雅典人以至尊之礼，葬之于阿考第密，铭其墓曰：

惟亚克斯烈比与柏拉图，皆亚波罗神之子孙：一则救世人之形骸，一则疗吾辈之灵魂！

柏氏之学传于雅里大德勒。雅里大德勒之于柏，犹柏之于苏格拉底也。柏氏故后，其侄司别武希波继为阿考第密之长，司亦柏之弟子也。柏氏之书今传于世者共三十余种，或云四十余种。其间有确出柏氏手笔，毫无疑义者，亦有明系伪书者，有真伪不可辨者。近世批评家或更指向之所谓真书，亦为赝所（混）。彼等或比较其生平之著作，而以优者为真，劣者为伪；

或以其思想之矛盾，而指其远于己所想象者为伪；或以其不合于苏格拉底之说者为伪；或又以雅里大德勒中所未载者为伪：然是皆臆断之说，其不足信凭，无论也。

（刊于1904年12月《教育世界》89号）

德国哲学大家汗德传

自来哲学家,其一生行事大抵寥寥无可特纪者,汗德尤然。终其身,足未越凯尼格斯堡一步,受普通教育者于是,受高等教育者于是,为大学教授者亦于是。自幼至老死,与书籍共起居,未尝一驰心于学问之外,宜其无甚事迹授后世史家以纪载之便也。然自汗德建设批评学派以来,使欧洲十九世纪之思潮为之震荡奔腾,邪说厄言一时尽熄。近代硕儒辈出,而视其所学,殆未有不汲彼余流者。故汗德之于他哲学家,譬之于水则海,而他人河也;譬之于木则干,而他人枝也。夫人于伟人杰士,景仰之情殷,则于其一言一行之微,以知之为快,不惮征引而表彰之。汗德传之作,乌可以已乎?且汗德不惟以学问有功于世也,其为人也,性格高尚,守正而笃实,尚质朴,食则蔬粝,居则斗室。严于自治,定读书作事之规条,日日奉行之,不稍间懈。方其为大学教授之时,天未明而兴,以二小时读书,二小时著讲义,既毕仍读书,午则食于肆。不论晴雨,食后必运动一小时,然后以二小时准备次日讲义,以余时杂读各书。入夜九时而寝。三十年间,无日不如是。尝语人曰:"有告予过者,虽濒死必谢之。"其砥行力德若此,则夫读其传者可由之以得观摩兴感之益矣。

汪德名伊默尼哀（公译伊曼努尔），一千七百二十四年生。其先世自苏格兰来，今苏格兰多有以汪德为氏者，其一族也。汪德之父以售鞍辔之属为业，始徙家于凯尼格斯堡。初生三子皆早殇，汪德其第四子也。凯尼格斯堡之乡人奉耶教而自为一宗派。其派之人，多温厚和蔼，解宗教真义者。汪德之母，及后所师事之休尔兹，皆属此派。汪德之性行笃实，盖受感化于是者多也。年十岁，入高等学校肄业，初有研究神学之志，且欲专攻古典，嗜读拉丁书籍，常试作拉丁文字，第于希腊文则逊之。一千七百四十年，入本乡之大学，于数学、物理学，为所最好。其间亦尝听神学讲义，自说教者二三次，然固不欲以宣教师为职也。居大学日，尝于学业之暇，教授私人，以助学费。一千七百四十六年，其父［殇］（殁）后，又尝受近地富家之聘，为塾师者八九载。然迫于境遇，非所志也。一千七百五十五年，以友之荐，得为无给讲师，初专讲物理学，后乃兼讲哲学。未几，膺监理图书馆之聘。一千七百七十七年，进为哲学教授。其为讲义也，义奥词玄，闻者骤不易解，且语音低，殆不易听取。然时亦以明辨称，且间以谐语，令人忍俊。

一千七百八十［七］（一）年，所著《纯粹理性批判》上梓，初以词旨未明显，且多用新字，评者颇诋之。逮书出后十二年，而各大学乃争用之为讲义。学生负笈来游其门者络绎不绝，誉之者至推为古今哲学家之冠。然汪德不自以为荣，修德力学，淡泊如故也。时或言汗德所说道德与路得教会之教旨抵牾，因是见非于政府。此间尝著一书，论宗教与哲学之关系，其前卷载在柏林杂志，后卷为政府所禁。汗德请于大学之神学部，卒获许刊行其书焉。政府滋不悦。普王斐礼特力威廉二世与之为约，谓嗣后讲学，勿涉宗教。汗德大恚，而〔未〕（未）如之何也。由是只主讲哲学及物理学。一千七百九十七年，遂辞教授职。是时体渐羸，智力亦衰，健忘，有所著述，亦无甚新义。一千八百四年卒，年八十。

汗德躯短小，体质脆弱，而生平未遭重疾，卒享遐龄，善摄生则然也。终身鳏居，性冷淡，不嗜音乐、游戏等事，以笃于好学，少习成性故也。其为学也，非必专于哲学，若天文，若物理，若历史舆地之书，莫不涉猎及之。亦尝攻古典，读新闻杂志，谈政治，则皆为慰藉计也。著作至夥，不可备举，而《纯粹理性批判》《实践理性批判》《判断力批判》等，则今世海内哲学家所相与奉为宝典者也。

论曰：古今学者，其行为不检，往往而有。柏庚（公译培根）以得赂见罪；卢骚幼窃物，中年有浪人之名：论者重其言，未尝不心非其人也。若夫言与人并足重，为百世之下所敬慕称道者，于汗德见之矣。然其生前犹有毁沮之者，至使不能安于教授之位。及其殁也，真价乃莫能掩焉，则甚矣舆论之不足言也！

（刊于1906年3月《教育世界》120号）

叔本华与尼采

十九世纪中，德意志之哲学界有二大伟人焉：曰叔本华（Schopenhauer），曰尼采（Nietzsche）。二人者，以旷世之文才，鼓吹其学说也同；其说之风靡一世，而毁誉各半也同；就其学说言之，则其以意志为人性之根本也同。然一则以意志之灭绝，为其伦理学上之理想，一则反是；一则由意志同一之假说，而唱绝对之博爱主义，一则唱绝对之个人主义。夫尼采之学说，本自叔本华出，曷为而其终乃反对若是？岂尼采之背师？固若是其甚欤？抑叔本华之学说中，自有以启之者欤？自吾人观之，尼采之学说全本于叔氏，其第一期之说，即美术时代之说，其全负于叔氏，固可勿论；第二期之说，亦不过发挥叔氏之直观主义；其末期之说，虽若与叔氏相反对，然要之不外以叔氏之美学上之天才论，应用于伦理学而已。兹比较二人之说，好学之君子以览观焉。

叔本华由锐利之直观与深邃之研究，而证吾人之本质为意志，而其伦理学上之理想，则又在意志之寂灭。然意志之寂灭之可能与否,一不可解之疑问也(其批评见《红楼梦评论》第四章)。尼采亦以意志为人之本质,而独疑叔氏伦理学之寂灭说,谓欲寂灭此意志者,亦一意志也,于是由叔氏之伦理学出,而趋于其反对之方向;又幸而于叔氏之伦理学上所不满足者,于其美学中发见其可模仿之点,即其天才论与知力之贵族主义,实可为超人说之标本者也。要之,尼采之说,乃彻头彻尾发展其美学上之见解,而应用之于伦理学,犹赫尔德曼之无意识哲学,发展其伦理学之见解者也。

叔氏谓吾人之知识,无不从充足理由之原则者,独美术之知识不然。其言曰:

一切科学,无不从充足理由原则之某形式者。科学之题目,但现象耳,现象之变化及关系耳。今有一物焉,超乎一切变化关系之外,而为现象之内容,无以名之,名之曰实念。问此实念之知识为何?曰美术是已。夫美术者,实以静观中所得之实念,寓诸一物焉而再现之。由其所寓之物之区别,而或谓之雕刻,或谓之绘画,或谓之诗歌、音乐,然其惟一之渊源,则存于实念之知识,而又以传播此知识为其惟一之目的也。一切科学,皆从充足理由之形式。当其得一结论之理由也,此理由又不可无他物以为之理由,他理由亦然。譬诸混混长流,永无渟潴之日;譬诸旅行者,数周地球,而曾不得见天之有涯、地之有角。美术则不然，固无往而不得其息肩之所也。彼由理由结论之长流中，拾其静观之对象，而使之孤立于吾前。而此特别之对象，其在科学中也，则藐然全体之一部分耳；而在美术中，则遽而代表其物之种族之全体，空间时间之形式对此而失其效，关系之法则至此而穷于用，故此时之对象，非个物而但其实念也。吾人于是得下美术之定义曰：美术者，离充足理由之原则而观物之道也。此正与由此原则观物者相反对。后者如地平线，前者如垂直线；后者之延长虽无限，而前者得于某点割之；后者合理之方法也，惟应用于生活及科学；前者天才之方法也，惟应用于美术；后者雅里大德勒之方法，前者柏拉图之方法也；后者如终风暴雨，震撼万物，而无始终、无目的，前者如朝日漏于阴云之罅，金光直射，而不为风雨所摇；后者如瀑布之水，瞬息变易，而不舍昼夜，前者如涧畔之虹，立于鞳鞳澎湃之中，而不改其色彩。

（英译《意志及观念之世界》第一百三十八页至一百四十页）

夫充足理由之原则，吾人知力最普遍之形式也。而天才之观美也，乃不沾沾于此。此说虽本于希尔列尔（Schiller）之游戏冲动说，然其为叔氏美学上重要之思想，无可疑也。尼采乃推之于实践上，而以道德律之于超人，与充足理由原则之于天才一也。由叔本华之说，则充足理由之原则，非徒无益于天才，其所以为天才者，正在离之而观物耳。由尼采之说，则道德律非徒无益于超人，超道德而行动，超人之特质也。由叔本华之说，最大之知识，在超绝知识之法则。由尼采之说，最大之道德，在超绝道德之法则。天才存于知之无所限制，而超人存于意之无所限制。而限制吾人之知力者，充足理由之原则；限制吾人之意志者，道德律也。于是尼采由知之无限制说，转而唱意之无限制说。其《察拉图斯德拉》第一篇中之首章，述灵魂三变之说曰：

察拉图斯德拉说法于五色牛之村，曰：吾为汝等说灵魂之三变。灵魂如何而变为骆驼，又由骆驼而变为狮，由狮而变为赤子乎？于此有重荷焉，强力之骆驼负之而趋，重之又重以至于无可增，彼固以此为荣且乐也。此重物何？此最重之物何？此非使彼卑弱而污其高严之衮冕者乎？此非使彼炫其愚而匿其知者乎？此非使彼拾知识之橡栗而冻饿以殉真理者乎？此非使彼离亲爱之慈母而与聋瞽为侣者乎？世有真理之水，使彼入水而友蛙龟者非此乎？使彼爱敌而与狞恶之神握手者非此乎？凡此数者，灵魂苟视其力之所能及，无不负也。如骆驼之行于沙漠，视其力之所能及，无不负也。既而风高日黯，沙飞石走，昔日柔顺之骆驼，变为猛恶之狮子，尽弃其荷，而自为沙漠主，索其敌之大龙而战之。于是昔日之主，今日之敌；昔日之神，今日之魔也。此龙何名？谓之"汝宜"。狮子何名？谓之"我欲"。邦人兄弟，汝等必为狮子，毋为骆驼。岂汝等任载之日尚短，而负担尚未重欤？汝等其破坏旧价值（道德）而创作新价值，狮子乎？言乎破坏则足矣，言乎创作则未也。然使人有创作之自由者，非彼之力欤？汝等胡不为狮子？邦人兄弟，狮子之变为赤子也何故？狮子之所不能为，而赤子能之者何？赤子若狂也，若忘也，万事之源泉也，游戏之状态也，自转之轮也，第一之运动也，神圣之自尊也。邦人兄弟灵魂之为骆驼，骆驼之变而为狮，狮之变而为赤子，余既诏汝矣！

（英译《察拉图斯德拉》二十五至二十八页）

其赤子之说，又使吾人回想叔本华之天才论曰：

天才者，不失其赤子之心者也。盖人生至七年后，知识之机关即脑之质与量已达完全之域，而生殖之机关尚未发达，故赤子能感也，能思也，能教也，其爱知识也较成人为深，而其受知识也亦视成人为易。一言以蔽之曰：彼之知力盛于意志而已。即彼之知力之作用，远过于意志之所需要而已。故自某方面观之，凡赤子皆天才也。又凡天才自某点观之，皆赤子也。昔海尔台尔（Herder）谓格代

（Goethe）曰巨孩。音乐大家穆羞德（Mozart）亦终生不脱孩气，休利希台额路尔谓彼曰："彼于音乐，幼而惊其长老，然于一切他事，则壮而常有童心者也。"

（英译《意志及观念之世界》第三册六十一页至六十三页）

至尼采之说超人与众生之别、君主道德与奴隶道德之别，读者未有不惊其与叔氏伦理学上之平等博爱主义相反对者。然叔氏于其伦理学及形而上学所视为同一意志之发现者，于知识论及美学上则分之为种种之阶级，故古今之崇拜天才者，殆未有如叔氏之甚者也。彼于其大著述第一书之补遗中，说知力上之贵族主义曰：

知力之拙者常也，其优者变也。天才者，神之示现也。不然，则宁有以八百兆之人民，经六千年之岁月，而所待于后人之发明思索者，尚如斯其众耶？夫大智者，固天之所吝，天之所吝，人之幸也。何则？小智于极狭之范围内，测极简之关系，此大智之瞑想宇宙人生者，其事逸而且易。昆虫之在树也，其视盈尺以内，较吾人为精密，而不能见人于五步之外。故通常之知力，仅足以维持实际之生活耳。而对实际之生活，则通常之知力，固亦已胜任而愉快；若以天才处之，是犹用天文镜以观优，非徒无益，而又蔽之。故由知力上言之，人类真贵族的也，阶级的也。此知力之阶级，较贵贱贫富之阶级为尤著。其相似者，则民万而始有诸侯一，民兆而始有天子一，民京垓而始有天才一耳。故有天才者，往往不胜孤寂之感。白衣龙（Byron）于其《唐旦之预言诗》中咏之曰：

To feel me in the solitude of kings.

Without the power that make them bear a crown.

予岑寂而无友兮，羌独处乎帝之庭。冠玉冕之崔巍兮，夫固局蹐而不能胜。（略译其大旨）

此之谓也。

（同前书第二册三百四十二页）

此知力的贵族与平民之区别外，更进而立大人与小人之区别曰：

一切俗子，因其知力为意志所束缚，故但适于一身之目的。由此目的出，于是有俗滥之画，冷淡之诗，阿世媚俗之哲学。何则？彼等自己之价值，但存于其一身一家之福祉，而不存于真理故也。惟知力之最高者，其真正之价值，不存于实际，而存于理论；不存于主观，而存于客观，崟崟焉力索宇宙之真理而再现之。于是彼之价值，超乎个人之外，与人类自然之性质异。如彼者，果非自然的欤？宁超自然的也。而其人之所以大，亦即存乎此。故图画也,诗歌也,思索也,在彼则为目的,而在他人则为手段也。彼牺牲其一生之福祉,以殉其客观上之目的,虽欲少改焉而不能。何则?彼之真正之价值,实在此而不在彼故也。他人反是,故众人皆小,彼独大也。

(前书第三册第一百四十九页至一百五十页)

叔氏之崇拜天才也如是。由是对一切非天才而加以种种之恶谥:曰俗子(Philistine),曰庸夫(Populase),曰庶民(Mob),曰舆台(Rabble),曰合死者(Mortal)。尼采则更进而谓之曰众生(Herd),曰众庶(Far-too-many)。其所以异者,惟叔本华谓知力上之阶级惟由道德联结之,尼采则谓此阶级于知力道德皆绝对的而不可调和者也。

叔氏以持知力的贵族主义,故于其伦理学上虽奖卑屈(Humillty)之行,而于其美学上大非谦逊(Modesty)之德曰:

人之观物之浅深明暗之度不一,故诗人之阶级亦不一。当其描写所观也,人人殆自以为握灵蛇之珠,抱荆山之玉矣。何则?彼于大诗人之诗中,不见其所描写者或逾于自己。非大诗人之诗之果然也,彼之肉眼之所及,实止于此,故其观美术也,亦如其观自然,不能越此一步也。惟大诗人见他人之见解之肤浅,而此外尚多描写之余地,始知己能见人之所不能见,而言人之所不能言。故彼之著作，不足以悦时人，只以自赏而已。若以谦逊为教，则将并其自赏者而亦夺之乎？然人之有功绩者，不能掩其自知之明。譬诸高八尺者，暂而过市，则肩背昂然，齐于众人之首矣。千仞之山，自巅而视其麓也，与自麓而视其巅等。霍兰士（Horace）、鲁克来鸠斯（Lucletius）、屋维特（Ovid）及一切古代之诗人，其自述也，莫不有矜贵之色。唐旦（Dante）然也，狭斯丕尔（Shakespeare）然也，柏庚（Bacon）亦然也。故大人而不自见其大者，殆未之有。惟细人者自顾其一生之空无所有，而聊托于谦逊以自慰，不然则彼惟有蹈海而死耳。某英人尝言曰："功绩（Merit）与谦逊（Modest）除二字之第一字母外，别无公共之点。"格代亦云："惟一无所长者乃谦逊耳。"特如以谦逊教人责人者，则格代之言，尤不我欺也。

（同前书第三册二百零二页）

吾人且述尼采之《小人之德》一篇中之数节以比较之。其言曰：

察拉图斯德拉远游而归，至于国门，则眇焉若狗窦，匍匐而后能入。既而览乎民居，粲焉若傀儡之箱，鳞次而栉比，叹曰夫造物者，宁将以彼为此拘拘也。吾知之矣，使彼等藐焉若此者，非所谓德性之教耶？彼等好谦逊，好节制。何则？彼等乐其平易故也。夫以平易而言，则诚无以逾乎谦逊之德者矣。彼等尝学步矣,然非能步也,礜也。彼且礜且顾,且顾且礜,彼之足与目不我欺也。彼等之小半能欲也,而其大半被欲也。其小半本然之动作者也,其大半反是,彼等皆不随意之动作者也,与意识之动作者也,其能为自发之动作者希矣。其丈夫既薿焉若此,于是女子亦皆以男子自处。惟男子之得全其男子者,得使女子之位置复归于女子。其最不幸者,命令之君主,亦不得不从服役之奴隶之道德。"我役、汝役、彼役",此道德之所命令者也。哀哉!乃使最高之君主,为最高之奴隶乎?哀哉!其仁愈大,其弱愈大;其义愈大,其弱愈大。此道德之根柢,可以一言蔽之,曰"毋害一人"。噫!道德乎?卑怯耳。然则彼等所视为道德者,即使彼等谦逊驯扰者也。是使狼为羊,使人为人之最驯之家畜者也。

（《察拉图斯德拉》第二百四十八页至二百四十九页）

尼采之恶谦逊也亦若此,其应用叔氏美学之说于伦理学上,昭然可睹。夫叔氏由其形而上学之结论,而谓一切无生物、生物,与吾人皆同一意志之发现,故其伦理学上之博爱主义,不推而放之于禽兽草木不止。然自知力上观之,不独禽兽与人异焉而已,即天才与众人间,男子与女子间,皆有斠然不可逾之界限。但其与尼采异者,一专以知力言,一推而论之于意志,然其为贵族主义则一也。又叔本华亦力攻基督教曰:

"今日之基督教，非基督之本意，乃复活之犹太教耳。"其所以与尼采异者，一则攻击其乐天主义，一则并其厌世主义而亦攻之，然其为无神论则一也。叔本华说涅槃，尼采则说转灭；一则欲一灭而不复生，一则以灭为生超人之手段，其说之所归虽不同，然其欲破坏旧文化而创造新文化则一也。况其超人说之于天才说，又历历有模仿之迹乎！然则吾人之视尼采，与其视为叔氏之反对者，宁视为叔氏之后继者也。

又叔本华与尼采二人之相似，非独学说而已，古今哲学家性行之相似，亦无若彼二人者。巴尔善之《伦理学系统》与文特尔朋《哲学史》中，其述二人学说与性行之关系，甚有兴味，兹援以比较之。巴尔善曰：

> 叔本华之学说与其生活，实无一调和之处。彼之学说，在脱屣世界与拒绝一切生活之意志，然其性行则不然；彼之生活，非婆罗门教、佛教之克己的，而宁伊壁鸠鲁之快乐的也。彼自离柏林后，权度一切之利害，而于法兰克福特及曼亨姆之间定其隐居之地。彼虽于学说上深美悲悯之德，然彼自己则无之。古今之攻击学问上之敌者，殆未有酷于彼者也。虽彼之酷于攻击，或得以辩护真理自解乎，然何不观其对母与妹之关系也？彼之母妹，斩焉陷于破产之境遇，而彼独保其自己之财产。彼终其身惴惴焉，惟恐分有他人之损失及他人之苦痛。要之，彼之性

行之冷酷,无可讳也。然则彼之人生观,果欺人之语欤?曰:否。彼虽不实践其理想上之生活,固深知此生活之价值者也。人性之二元中,理欲二者,为反对之两极,而二者以彼之一生为其激战之地。彼自其父遗传忧郁之性质,而其视物也,恒以小为大,以常为奇,方寸之心,充以弥天之欲,忧患、劳苦、损失、疾病,迭起互伏,而为其恐怖之对象,其视天下人无一可信赖者。凡此数者,有一于此,固足以疲其生活而有余矣。此彼之生活之一方面也。其在他方面,则彼大知也,天才也,富于直观之力,而饶于知识之乐,视古之思想家,有过之无不及。当此时也,彼远离希望与恐怖,而追求其纯粹之思索,此彼之生活中最慰藉之顷也。逮其情欲再现,则畴昔之平和破,而其生活复以忧患恐惧充之。彼明知其失而无如之何,故彼每曰:"知意志之过失,而不能改之,此可疑而不可疑之事实也。"故彼之伦理说,实可谓其罪恶之自白也。

(巴尔善《伦理学系统》第三百十一页至三百十二页)

巴氏之说,固自无误,然不悟其学说中,于知力之元质外,尚有意志之元质(见下文)。然其叙述叔氏知意之反对,甚为有味。吾人更述文特尔朋之论尼采者比较之曰:

彼之性质中争斗之二元质,尼采自谓之曰地哇尼苏斯（Dionysus），曰亚波罗（Apollo），前者主意论，后者主知论也；前者叔本华之意志，后者海额尔之理念也。彼之知力的修养与审美的创造力，皆达最高之程度。彼深观历史与人生，而以诗人之手腕再现之。然其性质之根柢，充以无疆之大欲，故科学与美术不足以拯之。其志则专制之君主也，其身则大学之教授也，于是彼之理想，实往复于知力之快乐与意志之势力之间。彼俄焉委其一身于审美的直观与艺术的制作，俄焉而欲展其意志，展其本能，展其情绪，举昔之所珍赏者一朝而舍之。夫由其人格之高尚纯洁观之，则耳目之欲，于彼固一无价值也。彼所求之快乐，非知识的，即势力的也。彼之一生，疲于二者之争斗，迨其暮年，知识、美术、道德等一切，非个人及超个人之价值不足以厌彼，彼翻然而欲于实践之生活中，发展其个人之无限之势力。于是此战争之胜利者，非亚波罗而地哇尼苏斯也，非过去之传说而未来之希望也，一言以蔽之，非理性而意志也。

（文特尔朋《哲学史》第六百七十九页）

由此观之，则二人之性行，何其相似之甚欤！其强于意志相似也，其富知力相似也，其喜自由相似也。其所以不相似而相似，相似而又不相似者何欤？

呜呼！天才者，天之所靳，而人之不幸也。蚩蚩之民，饥而食，渴而饮，老身长子，以遂其生活之欲，斯已耳。彼之苦痛，生活之苦痛而已；彼之快乐，生活之快乐而已。过此以往，虽有大疑大患，不足以撄其心。人之永保此蚩蚩之状态者，固其人之福祉，而天之所独厚者也。若夫天才，彼之所缺陷者与人同，而独能洞见其缺陷之处。彼与蚩蚩者俱生，而独疑其所以生。一言以蔽之，彼之生活也与人同，而其以生活为一问题也与人异；彼之生于世界也与人同，而其以世界为一问题也与人异。然使此等问题，彼自命之而自解之，则亦何不幸之有？然彼亦一人耳，志驰乎六合之外，而身局乎七尺之内，因果之法则与空间时间之形式，束缚其知力于外；无限之动机与民族之道德，压迫其意志于内，而彼之知力意志，非犹夫人之知力意志？彼知人之所不能知，而欲人之所不敢欲，然其被束缚压迫也与人同。夫天才之大小，与其知力意志之大小为比例，故苦痛之大小，亦与天才之大小为比例。彼之痛苦既深，必求所以慰藉之道，而人世有限之快乐，其不足慰藉彼也明矣。于是彼之慰藉，不得不反而求诸自己。其视自己也，如君王，如帝天；其视他人也，如蝼蚁，如粪土。彼故自然之子也，而常欲为其母；又自然之奴隶也，而常欲为其主。举自然所以束缚彼之知意者，毁之，裂之，焚之，弃之，草薙而兽狝之。彼非能行之也，姑妄言之而已；亦非欲言诸人也，聊以自娱而已。何则？以彼知意之如此，而苦痛之如彼，其所以自慰藉之道，固不得不出于此也。

叔本华与尼采，所谓旷世之天才非欤？二人者，知力之伟大相似，意志之强烈相似。以极强烈之意志，而辅以极伟大之知力，其高掌远跖于精神界，固秦皇、汉武之所北面，而成吉思汗、拿破仑之所望而却走者也。九万里之地球与六千年之文化，举不足以厌其无疆之欲。其在叔本华，则幸而有汗德者为其陈胜、吴广，为其李密、窦建德，以先驱属路。于是于世界现象之方面，则穷汗德之知识论之结论，而曰世界者，吾之观念也。于本体之方面，则曰世界万物，其本体皆与吾人之意志同，而吾人与世界万物，皆同一意志之发见也。自他方面言之，世界万物之意志，皆吾之意志也。于是我所有之世界，自现象之方面，而扩于本体之方面，而世界之在我，自知力之方面而扩于意志之方面。然彼犹以有今日之世界为不足，更进而求最完全之世界，故其说虽以灭绝意志为归，而于其大著第四篇之末，仍反覆灭不终灭、寂不终寂之说。彼之说博爱也，非爱世界也，爱其自己之世界而已；其说灭绝也，非真欲灭绝也，不满足于今日之世界而已。由彼之说，岂独如释迦所云天上地下，惟我独尊而已哉！必谓天上地下，惟我独存而后快。当是时，彼之自视，若担荷大地之阿德拉斯（Atlas）也，孕育宇宙之婆罗麦（Brahma）也。彼之形而上学之需要在此，终身之慰藉在此。故古今之主张意志者，殆未有过于叔氏者也，不过于其美学之天才论中，偶露其真面目之说耳。若夫尼采，以奉实证哲学，故不满于形而上学之空想。而其势力炎炎之欲，失之于彼岸者，欲恢复之于此岸；失之于精神者，欲恢复之于物质。于是叔本华之美学，占领其第一期之思想者，至其暮年，不识不知，而为其伦理学之模范。彼效叔本华之天才而说超人，效叔本华之放弃充足理由之原则而放弃道德，高视阔步，而恣其意志之游戏。宇宙之内，有知意之优于彼，或足以束缚彼之知意者，彼之所不喜也。故彼二人者，其执无神论同也，其唱意志自由论同也。譬之一树，叔本华之说，其根柢之盘错于地下；而尼采之说，则其枝叶之干青云而直上者也。尼采之说，如太华三峰，高与天际；而叔本华之说，则其山麓之花冈石也。其所趋虽殊，而性质则一。彼等所以为此说者，无他，亦聊以自慰而已。

要之，叔本华之自慰藉之道，不独存于其美学，而亦存于其形而上学。彼于此学中发见其意志之无乎不在，而不惜以其七尺之我，殉其宇宙之我，故与古代之道德尚无矛盾之处。而其个人主义之失之于枝叶者，于根柢取偿之。何则？以世界之意志，皆彼之意志故也。若推意志同一之说，而谓世界之知力皆彼之知力，则反以俗人知力上之缺点加诸天才，则非彼之光荣，而宁彼之耻辱也；非彼之慰藉，而宁彼之苦痛也。其于知力上所以持贵族主义，而与其伦理学相矛盾者以此。《列子》曰：

周之尹氏大治产，其下趣役者侵晨昏而弗息。有老役夫筋力竭矣，而使之弥勤。昼则呻吟而即事，夜则昏惫而熟寐。昔昔梦为国君，居人民之上，总一国之事，游燕宫观，恣意所欲，觉则复役。

（《周穆王篇》）

叔氏之天才之苦痛，其役夫之昼也；美学上之贵族主义与形而上学之意志同一论，其国君之夜也。尼采则不然。彼有叔本华之天才，而无其形而上学之信仰，昼亦一役夫，夜亦一役夫；醒亦一役夫，梦亦一役夫，于是不得不弛其负担，而图一切价值之颠覆。举叔氏梦中所以自慰者，而欲于昼日实现之，此叔本华之说所以尚不反于普通之道德，而尼采则肆其叛逆而不惮者也。此无他，彼之自慰藉之道，固不得不出于此也。世人多以尼采暮年之说与叔本华相反对者，故特举其相似之点及其所以相似而不相似者如此。

（原载《教育世界》杂志1904年）

美术之为物，

欲者不观，观者不欲；

而艺术之美所以优于自然之美者，

全存于使人易忘物我之关系也。

第三编

翰墨丹青，
古雅神韵

《红楼梦》评论

人生及美术之概观

　　老子曰："人之大患，在我有身。"庄子曰："大块载我以形，劳我以生。"忧患与劳苦之与生相对待也久矣。夫生者，人人之所欲；忧患与劳苦者，人人之所恶也。然则讵不人人欲其所恶，而恶其所欲欤？将其所恶者，固不能不欲；而其所欲者，终非可欲之物欤？人有生矣，则思所以奉其生。饥而欲食，渴而欲饮，寒而欲衣，露处而欲宫室，此皆所以维持一人之生活者也。然一人之生，少则数十年，多则百年而止耳。而吾人欲生之心，必以是为不足，于是于数十年百年之生活外，更进而图永远之生活，时则有牝牡之欲家室之累，进而育子女矣，则有保抱扶持饮食教诲之责，婚嫁之务。百年之间，早作而夕思，穷老而不知所终，问有出于此保存自己及种姓之生活之外者乎？无有也。百年之后，观吾人之成绩，其有逾于此保存自己及种姓之生活之外者乎？无有也。又人人知侵害自己及种姓之生活者之非一端也，于是相集而成一群，相约束而立一国，择其贤且智者以为之君，为之立法律以治之，建学校以教之，为之警察以防内奸，为之陆海军以御外患，使人人各遂其生活之欲而不相侵害：凡此皆欲生之心之所为也。夫人之于生活也，欲之如此其切也，用力如此其勤也，设计如此其周且至也，固亦有其真可欲者存欤？吾人之忧患劳苦，固亦有所以偿之者欤？则吾人不得不就生活之本质，熟思而审考之也。

生活之本质何？欲而已矣。欲之为性无厌，而其原生于不足。不足之状态，苦痛是也。即偿一欲，则此欲以终。然欲之被偿者一，而不偿者什佰。一欲既终，他欲随之。故究竟之慰藉，终不可得也。即使吾人之欲悉偿，而更无所欲之对象，倦厌之情，即起而乘之。于是吾人自己之生活，若负之而不胜其重。故人生者，如钟表之摆，实往复于苦痛与倦厌之间者也，夫倦厌固可视为苦痛之一种。有能除去此二者，吾人谓之曰快乐。然当其求快乐也，吾人于固有之苦痛外，又不得不加以努力，而努力亦苦痛之一也。且快乐之后，具感苦痛也弥深。故苦痛而无回复之快乐者有之矣，未有快乐而不先之或继之以苦痛者也。又此苦痛与世界之文化俱增，而不由之而减。何则？文化愈进，其知识弥广，其所欲弥多，又其感苦痛亦弥甚故也。然则人生之所欲，既无以逾于生活，而生活之性质，又不外乎苦痛，故欲与生活与苦痛，三者一而已矣。

吾人生活之性质，既如斯矣，故吾人之知识，遂无往而不与生活之欲相关系,即与吾人之利害相关系。就其实而言之,则知识者,固生于此欲,而示此欲以我与外界之关系,使之趋利而避害者也。常人之知识,止知我与物之关系,易言以明之,止知物之与我相关系者,而于此物中,又不过知其与我相关系之部分而已。及人知渐进,于是始知欲知此物与我之关系,不可不研究此物与彼物之关系。知愈大者,其研究逾远焉,自是而生各种之科学。如欲知空间之一部之与我相关系者,不可不知空间全体之关系,于是几何学兴焉(按西洋几何学Geometry之本义系量地之意,可知古代视为应用之科学,而不视为纯粹之科学也);欲知力之一部之与我相关系者,不可不知力之全体之关系,于是力学兴焉。吾人既知一物之全体之关系,又知此物与彼物之全体之关系,而立一法则焉,以应用之,于是物之现于吾前者,其与我之关系,及其与他物之关系,粲然陈于目前而无所遁。夫然后吾人得以利用此物,有其利而无其害,以使吾人生活之欲,增进于无穷。此科学之功效也。故科学上之成功,虽若层楼杰观,高严巨丽,然其基址则筑乎生活之欲之上,与政治上之系统立于生活之欲之上无以异。然则吾人理论与实际之二方面,皆此生活之欲之结果也。

由是观之,吾人之知识与实践之二方面,无往而不与生活之欲相关系,即与苦痛相关系。有兹一物焉,使吾人超然于利害之外,而忘物与我之关系。此时也,吾人之心,无希望,无恐怖,非复欲之我,而但知之我也。此犹积阴弥月,而旭日杲呆也；犹覆舟大海之中，浮沉上下，而漂著于故乡海岸也；犹阵云惨淡，而插翅之天使，赍平和之福音而来者也；犹鱼之脱于罾网，鸟之自樊笼出，而游于山林江海也。然物之能使吾人超然于利害之外者，必其物之于吾人无利害之关系而后可，易言以明之，必其物非实物而后可。然则非美术何足以当之乎？夫自然界之物，无不与吾人有利害之关系，纵非直接，亦必间接相关系者也。苟吾人而能忘物与我之关系而观物，则夫自然界之山明水媚，鸟飞花落，固无往而非华胥之国，极乐之土也。岂独自然界而已，人类之言语动作，悲欢啼笑，孰非美之对象乎？然此物既与吾人有利害之关系，而吾人欲强离其关系而观之，自非天才，岂易及此？于是天才者出，以其所观于自然人生中者复现之于美术中，而使中智以下之人，亦因其物之与己无关系，而超然于利害之外。是故观物无方，因人而变：濠上之鱼，庄、惠之所乐也，而渔父袭之以网罟；舞雩之木，孔、曾之所憩也，而樵者继之以斤斧。若物非有形，心无所住，则虽殉财之夫，贵私之子，宁有对曹霸、韩幹之马，而计驰骋之乐；见毕宏、韦偃之松，而思栋梁之用；求好逑于雅典之偶，思税驾于金字之塔者哉？故美术之为物，欲者不观，观者不欲；而艺术之美所以优于自然之美者，全存于使人易忘物我之关系也。

而美之为物有二种：一曰优美，一曰壮美。苟一物焉，与吾人无利害之关系，而吾人之观之也，不观其关系，而但观其物；或吾人之心中，无丝毫生活之欲存，而其观物也，不视为与我有关系之物，而但视为外物，则今之所观者，非昔之所观者也。此时吾心宁静之状态，名之曰优美之情，而谓此物曰优美。若此物大不利于吾人，而吾人生活之意志为之破裂，因之意志遁去，而知力得为独立之作用，以深观其物，吾人谓此物曰壮美，而谓其感情曰壮美之情。普通之美，皆属前种。至于地狱变相之图，决斗垂死之像，庐江小吏之诗，《雁门尚书》之曲，其人固氓庶之所共怜，其遇虽戾夫为之流涕，讵有子颓乐祸之心，宁无尼父反袂之戚，而吾人观之，不厌千复。格代之诗曰：

What in life doth only grieve us.
That in art we gladly see.

（凡人生中足以使人悲者，于美术中则吾人乐而观之。）

此之谓也。此即所谓壮美之情。而其快乐存于使人忘物我之关系，则固与优美无以异也。

至美术中之与二者相反者，名之曰眩惑。夫优美与壮美，皆使吾人离生活之欲，而入于纯粹之知识者。若美术中而有眩惑之原质乎，则又使吾人自纯粹之知识出，而复归于生活之欲。如粗粢蜜饵，《招魂》《七发》之所陈；玉体横陈，周昉、仇英之所绘。《西厢记》之《酬柬》，《牡丹亭》之《惊梦》，伶元之传飞燕，杨慎之赝《秘辛》，徒讽一而劝百，欲止沸而益薪。所以子云有"靡靡"之诮，法秀有"绮语"之诃。虽则梦幻泡影，可作如是观；而拔舌地狱，专为斯人设者矣。故眩惑之于美，如甘之于辛，火之于水，不相并立者也。吾人欲以眩惑之快乐，医人世之苦痛，是犹欲航断港而至海，入幽谷而求明，岂徒无益，而又增之。则岂不以其不能使人忘生活之欲，及此欲与物之关系，而反鼓舞之也哉！眩惑之与优美及壮美相反对，其故实存于此。

今既述人生与美术之概略如左，吾人且持此标准，以观我国之美术。而美术中以诗歌、戏曲、小说为其顶点，以其目的在描写人生故。吾人于是得一绝大著作，曰《红楼梦》。

《红楼梦》之精神

哀伽尔之诗曰：

> Ye wise men, highly deeply learned,
> Who think it out and know,
> How, when and where do all things pair?
> Why do they kiss and love
> Ye men of lofty wisdom, say
> what happened to me then,

Search out and tell me where, how, when,
And why it happened thus.

嗟汝哲人,靡所不知,靡所不学,既深且跻。粢粢生物,罔不匹俦,各齿厥唇,而相厥攸。匪汝哲人,孰知其故?自何时始,来自何处?嗟汝哲人,渊渊其知。相彼百昌,奚而熙熙?愿言哲人,诏余其故。自何时始,来自何处?(译文)

衷伽尔之问题,人人所有之问题,而人人未解决之大问题也。人有恒言曰:"饮食男女,人之大欲存焉。"然人七日不食则死,一日不再食则饥。若男女之欲,则于一人之生活上,宁有害无利者也,而吾人之欲之也如此何哉?吾人自少壮以后,其过半之光阴,过半之事业,所计划、所勤动者为何事?汉之成、哀,曷为而丧其生?殷辛、周幽,曷为而亡其国?励精如唐玄宗,英武如后唐庄宗,曷为而不善其终?且人生苟为数十年之生活计,则其维持此生活,亦易易耳,曷为而其忧劳之度,倍蓰而未有已?记曰:"人不婚宦,情欲失半。"人苟能解此问题,则于人生之知识,思过半矣。而蚩蚩者乃日用而不知,岂不可哀也与!其自哲学上解此问题者,则二千年间,仅有叔本华之《男女之爱之形而上学》耳。诗歌小学之描写此事者,通古今东西,殆不能悉数,然能解决之者鲜矣。《红楼梦》一书,非徒提出此问题,又解决之者也。彼于开卷即下男女之爱之神话的解释，其叙此书之主人公贾宝玉之来历曰：

> 却说女娲氏炼石补天之时，于大荒山无稽崖，炼成高十二丈，见方二十四丈大的顽石三万六千五百零一块。那娲皇只用了三万六千五百块，单单剩下一块未用，弃在青埂峰下。谁知此石自经锻炼之后，灵性已通，自去自来，可大可小。因见众石俱得补天，独自己无才，不得入选，遂自怨自艾，日夜悲哀。

（第一回）

此可知生活之欲之先人生而存在，而人生不过此欲之发现也。此可知吾人之堕落，由吾人之所欲，而意志自由之罪恶也。夫顽钝者既不幸而为此石矣，又幸而不见用，则何不游于广莫之野，无何有之乡，以自适其适，而必欲入此忧患劳苦之世界，不可谓非此石之大误也。由此一念之误，而遂造出十九年之历史，与百二十回之事实，与茫茫大士，渺渺真人何与？又于第百十七回中，述宝玉与和尚之谈论曰：

> "弟子请问师父：可是从太虚幻境而来？"那和尚道："什么幻境！不过是来处来，去处去罢了。我是送还你的玉来的。我且问你，那玉是从那里来的？"宝玉一时对答不来。那和尚笑道："你的来路还不知，便来问我！"宝

玉本来颖悟，又经点化，早把红尘看破，只是自己的底里未知，一闻那僧问起玉来，好象当头一棒，便说："你也不用银子了，我把那玉还你罢。"那僧笑道："早该还我了！"

所谓"自己的底里未知"者，未知其生活乃自己之一念之误，而此念之所自造也。及一闻和尚之言，始知此不幸之生活，由自己之所欲，而其拒绝之也，亦不得由自己，是以有还玉之言。所谓玉者，不过生活之欲之代表而已矣。故携入红尘者，非彼二人之所为，顽石自己而已；引登彼岸者，亦非二人之力，顽石自己而已。此岂独宝玉一人然哉？人类之堕落与解脱，亦视其意志而已。而此生活之意志，其于永远之生活，比个人之生活为尤切；易言以明之，则男女之欲，尤强于饮食之欲。何则？前者无尽的，后者有限的也；前者形而上的，后者形而下的也。又如上章所说生活之于苦痛，二者一而非二，而苦痛之度，与主张生活之欲之度为比例。是故前者之苦痛，尤倍蓰于后者之苦痛。而《红楼梦》一书，实示此生活此苦痛之由于自造，又示其解脱之道不可不由自己求之者也。

而解脱之道，存于出世，而不存于自杀。出世者，拒绝一切生活之欲者也。彼知生活之无所逃于苦痛，而求入于无生之域。当其终也，恒干虽存，固已形如槁木，而心如死灰矣。若生活之欲如故，但不满于现在之生活，而求主张之于异日，则死于此者，固不得不复生于彼，而苦海之流，又将与生活之欲而无穷。故金钏之堕井也，司棋之触墙也，尤三姐、潘又安之自刎也，非解脱也，求偿其欲而不得者也。彼等之所不欲者，其特别之生活，而对生活之为物，则固欲之而不疑也。故此书中真正之解脱，仅贾宝玉、惜春、紫鹃三人耳。而柳湘莲之入道，有似潘又安；芳官之出家，略同于金钏。故苟有生活之欲存乎，则虽出世而无与于解脱；苟无此欲，则自杀亦未始非解脱之一者也。如鸳鸯之死，彼固有不得已之境遇在，不然，则惜春、紫鹃之事，固亦其所优为者也。

而解脱之中，又自有二种之别：一存于观他人之苦痛，一存于觉自己之苦痛。然前者之解脱，唯非常之人为能，其高百倍于后者，而其难亦百倍。但由其成功观之，则二者一也。通常之人，其解脱由于苦痛之阅历，而不由于苦痛之知识。唯非常之人，由非常之知力，而洞观宇宙人生之本质，始知生活与苦痛之不能相离，由是求绝其生活之欲，而得解脱之道。然于解脱之途中，彼之生活之欲，犹时时起而与之相抗，而生种种之幻影。所谓恶魔者，不过此等幻影之人物化而已矣。故通常之解脱，存于自己之苦痛。彼之生活之欲，因不得其满足而愈烈，又因愈烈而愈不得其满足，如此循环，而陷于失望之境遇，遂悟宇宙人生之真相，遽而求其息肩之所。彼全变其气质，而超出乎苦乐之外，举昔之所执著者，一旦而舍之。彼以生活为炉，苦痛为炭，而铸其解脱之鼎。彼以疲于生活之欲故，故其生活之欲，不能复起而为之幻影。此通常之人解脱之状态也。前者之解脱,如惜春、紫鹃;后者之解脱,如宝玉。前者之解脱,超自然的也,神明的也;后者之解脱,自然的也,人类的也。前者之解脱,宗教的也;后者美术的也。前者平和的也;后者悲感的也,壮美的也,故文学的也,诗歌的也,小说的也。此《红楼梦》之主人公,所以非惜春、紫鹃,而为贾宝玉者也。

呜呼!宇宙一生活之欲而已。而此生活之欲之罪过,即以生活之苦痛罚之,此即宇宙之永远的正义也。自犯罪,自加罚,自忏悔,自解脱。美术之务,在描写人生之苦痛与其解脱之道,而使吾侪冯生之徒,于此桎梏之世界中,离此生活之欲之争斗,而得其暂时之平和。此一切美术之目的也。夫欧洲近世之文学中,所以推格代之《法斯德》为第一者,以其描写博士法斯德之苦痛,及其解脱之途径,最为精切故也。若《红楼梦》之写宝玉,又岂有以异于彼乎?彼于缠陷最深之中,而已伏解脱之种子,故听《寄生草》之曲,而悟立足之境;读《胠箧》之篇,而作焚花散麝之想,所以未能者,则以黛玉尚在耳。至黛玉死而其志渐决,然尚屡失于宝钗,几败于五儿,屡蹶屡振,而终获最后之胜利。读者观自九十八回以至百二十回之事实,其解脱之行程,精进之历史,明瞭精切何如哉!且法斯德之苦痛,天才之苦痛;宝玉之苦痛,人人所有之苦痛也。其存于人之根柢者为独深,而其希救济也为尤切。作者一一掇拾而发挥之。我辈之读此书者,宜如何表满足感谢之意哉!而吾人于作者之姓名，尚未有确实之知识，岂徒吾侪寡学之羞，亦足以见二百余年来吾人之祖先，封此宇宙之大著述，如何冷淡遇之也。谁使此大著述之作者，不敢自署其名？此可知此书之精神，大背于吾国人之性质，及吾人之沈溺于生活之欲，而乏美术之知识，有如此也。然则予之为此论，亦自知有罪也矣。

《红楼梦》之美学上之价值

如上章之说，吾国人之精神，世间的也，乐天的也，故代表其精神之戏曲小说，无往而不著此乐天之色彩，始于悲者终于欢，始于离者终于合，始于困者终于亨；非是而欲厌阅者之心难矣！若《牡丹亭》之返魂，《长生殿》之重圆，其最著之一例也。《西厢记》之以《惊梦》终也，未成之作也；此书若成，吾乌知其不为《续西厢》之浅陋也？有《水浒传》矣，曷为而又有《荡寇志》？有《桃花扇》矣，曷为而又有《南桃花扇》？有《红楼梦》矣，彼《红楼复梦》《补红楼梦》《续红楼》者，曷为而作也？又曷为而有反对《红楼梦》之《儿女英雄传》？故吾国之文学中，其具厌世解脱之精神者，仅有《桃花扇》与《红楼梦》耳。而《桃花扇》之解脱，非真解脱也。沧桑之变，目击之而身历之，不能自悟，而悟于张道士之一言；且以历数千里、冒不测之险、投缧绁之中所索之女子，才得一面，而以道士之言，一朝而舍之，自非三尺童子，其谁信之哉！故《桃花扇》之解脱，他律的也；而《红楼梦》之解脱，自律的也。且《桃花扇》之作者，但借侯、李之事，以写故国之戚，而非以描写人生为事。故《桃花扇》，政治的也，国民的也，历史的也；《红楼梦》，哲学的也，宇宙的也，文学的也。此《红楼梦》之所以大背于吾国人之精神，而其价值亦即存乎此。彼《南桃花扇》《红楼复梦》等，正代表吾国人乐天之精神者也。

《红楼梦》一书，与一切喜剧相反，彻头彻尾之悲剧也。其大宗旨如上章之所述，读者既知之矣。除主人公不计外，凡此书中之人，有与生活之欲相关系者，无不与苦痛相终始，以视宝琴、岫烟、李纹、李绮等，若藐姑射神人，夐乎不可及矣。夫此数人者，曷尝无生活之欲，曷尝无苦痛？而书中既不及写其生活之欲，则其苦痛自不得而写之，足以见二者如骖之靳，而永远的正义，无往不逞其权力也。又吾国之文学，以挟乐天的精神故，故往往说诗歌的正义，善人必令其终，而恶人必离其罚，此亦吾国戏曲小说之特质也。《红楼梦》则不然，赵姨、凤姐之死，非鬼神之罚，彼良心自己之苦痛也。若李纨之受封，彼于《红楼梦》十四曲中，固已明说之曰：

〔晚韶华〕镜里恩情，更那堪梦里功名！那美韶华去之何迅，再休提绣帐鸳衾。只这戴珠冠，披凤袄，也抵不了无常性命。虽说是人生莫受老来贫，也须要阴骘积儿孙。气昂昂头戴簪缨，光灿灿胸悬金印，威赫赫爵禄高登，昏惨惨黄泉路近。问古来将相可还存？也只是虚名儿与后人钦敬。

(第五回)

此足以知其非诗歌的正义，而既有世界人生以上，无非永远的正义之所统辖也。故曰《红楼梦》一书，彻头彻尾的悲剧也。

由叔本华之说，悲剧之中，又有三种之别：第一种之悲剧，由极恶之人，极其所有之能力，以交构之者；第二种，由于盲目的运命者；第三种之悲剧，由于剧中之人物之位置及关系而不得不然者，非必有蛇蝎之性质与意外之变故也，但由普遍之人物，普通之境遇，逼之不得不如是，彼等明知其害，交施之而交受之，各加以力而各不任其咎。此种悲剧，其感人贤于前二者远甚。何则？彼示人生最大之不幸，非例外之事，而人生之所固有故也。若前二种之悲剧，吾人对蛇蝎之人物与盲目之命运，未尝不悚然战慄，然以其罕见之故，犹幸吾生之可以免，而不必求息肩之地也。但在第三种，则见此非常之势力，足以破坏人生之福祉者，无时而不可坠于吾前；且此等惨酷之行，不但时时可受诸己，而或可以加诸人，躬丁其酷，而无不平之可鸣，此可谓天下之至惨也。若《红楼梦》，则正第三种之悲剧也。兹就宝玉、黛玉之事言之。贾母爱宝钗之婉嬺，而惩黛玉之孤僻，又信金玉之邪说，而思压宝玉之病；王夫人固亲于薛氏；凤姐以持家之故，忌黛玉之才，而虞其不便于己也；袭人惩尤二姐、香菱之事，闻黛玉"不是东风压西风，就是西风压东风"之语（第八十二回），惧祸之及，而自同于凤姐，亦自然之势也。宝玉之于黛玉，信誓旦旦，而不能言之于最爱之祖母，则普通之道德使然；况黛玉一女子哉！由此种种原因，而金玉以之合，木石以之离，又岂有蛇蝎之人物，非常之变故，行于其间哉？不过通常之道德，通常之人情，通常之境遇为之而已。由此观之，《红楼梦》者，可谓悲剧中之悲剧也。

由此之故，此书中壮美之部分，较多于优美之部分，而眩惑之原质殆绝焉。作者于开卷即申明之曰：

更有一种风月笔墨，其淫秽污臭，最易坏人子弟。至于才人佳人等书，则又开口文君，满篇子建，千部一腔，千人一面，且终不能不涉淫滥。在作者不过欲写出自己两首情诗艳赋来，故假捏出男女二人名姓，又必旁添一小人拨乱其间，如戏中小丑一般。

（此又上节所言之一证）

兹举其最壮美者之一例，即宝玉与黛玉最后之相见一节曰：

那黛玉听着傻大姐说宝玉娶宝钗的话,此时心里竟是油儿酱儿糖儿醋儿倒在一处的一般,甜苦酸咸,竟说不上什么味儿来了。……自己转身要回潇湘馆去,那身子竟有千百斤重的,两只脚却像踏着棉花一般,早已软了,只得一步一步慢慢的走将下来。走了半天,还没到沁芳桥畔,脚下愈加软了。走的慢,且又迷迷痴痴,信着脚从那边绕过来,更添了两箭地路。这时刚到沁芳桥畔,却又不知不觉的顺着堤往向里走起来。紫鹃取了绢子来,却不见黛玉。正在那里看时,只见黛玉颜色雪白,身子恍恍荡荡的,眼睛也直直的,在那里东转西转,……只得赶过来轻轻的问道:"姑娘怎么又回去?是要往那里去?"黛玉也只模糊听见,随口答道:"我问问宝玉去。"……紫鹃只得搀他进去。那黛玉却又奇怪了,这时不似先前那样软了,也不用紫鹃打帘子,自己掀起帘子进来。……见宝玉在那里坐着,也不起来让坐,只瞧着嘻嘻的呆笑。黛玉自己坐下,却也瞧着宝玉笑。两个也不问好,也不说话,也无推让,只管对着脸呆笑起来。忽然听着黛玉说道:"宝玉!你为什么病了?"宝玉笑道:"我为林姑娘病了。"袭人、紫鹃两个,吓得面目改色,连忙用言语来岔。两个却又不答言,仍旧呆笑起来。……紫鹃搀起黛玉,那黛玉也就站起来,瞧着宝玉,只管笑,只管点头儿。紫鹃又催道:"姑娘回家去歇歇罢"。黛玉道:"可不是,我这就是回去的时候儿了！"说着，便回身笑着出来了。仍旧不用丫头们搀扶，自己却走得比往常飞快。

（第九十六回）

如此之文，此书中随处有之，其动吾人之感情何如！凡稍有审美的嗜好者，无人不经验之也。

《红楼梦》之为悲剧也如此。昔雅里大德勒于《诗论》中，谓悲剧者，所以感发人之情绪而高上之，殊如恐惧与悲悯之二者，为悲剧中固有之物，由此感发，而人之精神于焉洗涤。故其目的，伦理学上之目的也。叔本华置诗歌于美术之顶点，又置悲剧于诗歌之顶点，而于悲剧之中，又特重第三种，以其示人生之真相，又示解脱之不可已故。故美学上最终之目的，与伦理学上最终之目的合。由是《红楼梦》之美学上之价值，亦与其伦理学上之价值相联络也。

《红楼梦》之伦理学上之价值

自上章观之，《红楼梦》者，悲剧中之悲剧也。其美学上之价值，即存乎此。然使无伦理学上之价值以继之，则其于美术上之价值，尚未可知也。今使为宝玉者，于黛玉既死之后，或感愤而自杀，或放废以终其身，则虽谓此书一无价值可也。何则？欲达解脱之域者，固不可不尝人世之忧患，然所贵乎忧患者，以其为解脱之手段故，非重忧患自身之价值也。今使人日日居忧患言忧患，而无希求解脱之勇气，则天国与地狱，彼两失之；其所领之境界，除阴云蔽天，沮洳弥望外，固无所获焉。黄仲则《绮怀》诗曰：

> 如此星辰非昨夜，为谁风露立中宵。

又其卒章曰：

> 结束铅华归少作，屏除丝竹入中年；茫茫来日愁如海，寄语羲和快着鞭。

其一例也。《红楼梦》则不然，其精神之存于解脱，如前二章所说，兹固不俟喋喋也。

然则解脱者，果足为伦理学上最高之理想否乎？自通常之道德观之，夫人知其不可也。夫宝玉者，固世俗所谓绝父子、弃人伦、不忠不孝之罪人也。然自太虚中有今日之世界，自世界中有今日之人类，乃不得不有普通之道德，以为人类之法则。顺之者安，逆之者危；顺之者存，逆之者亡。于今日之人类中，吾固不能不认普通之道德之价值也。然所以有世界人生者，果有合理的根据欤？抑出于盲目的动作，而别无意义存乎其间欤？使世界人生之存在，而有合理的根据，则人生中所有普通之道德，谓之绝对的道德可也。然吾人从各方面观之，则世界人生之所以存在，实由吾人类之祖先一时之误谬。诗人之所悲歌，哲学者之所暝想，与夫古代诸国民之传说，若出一揆。若第二章所引《红楼梦》第一回之神话的解释，亦于无意识中暗示此理，较之《创世记》所述人类犯罪之历史，尤为有味者也。夫人之有生，既为鼻祖之误谬矣，则夫吾人之同胞，凡为此鼻祖之子孙者，苟有一人焉，未入解脱之域，则鼻祖之罪，终无时而赎，而一时之误谬，反覆至数千万年而未有已也；则夫绝弃人伦如宝玉其人者，自普通之道德言之，固无所辞其不忠不孝之罪，若开天眼而观之，则彼固可谓干父之蛊者也。知祖父之误谬，而不忍反覆之以重其罪，顾得谓之不孝哉？然则宝玉"一子出家，七祖升天"之说，诚有见乎所谓孝者，在此不在彼，非徒自辩护而已。

然则举世界之人类，而尽人于解脱之域，则所谓宇宙者，不诚无物也欤？然有无之说，盖难言之矣。夫以人生之无常，而知识之不可恃，安知吾人之所谓有，非所谓真有者乎？则自其反而言之，又安知吾人之所谓无，非所谓真无者乎？即真无矣，而使吾人自空乏与满足、希望与恐怖之中出，而获永远息肩之所，不犹愈于世之所谓有者乎？然则吾人之畏无也，与小儿之畏暗黑何以异？自已解脱者观之，安知解脱之后，山川之美，日月之华，不有过于今日之世界者乎？读《飞鸟各投林》之曲，所谓"一片白茫茫大地真干净"者，有欤无欤？吾人且勿问，但立乎今日之人生而观之，彼诚有味乎其言之也。

难者又曰：人苟无生，则宇宙间最可宝贵之美术，不亦废欤？曰：美术之价值，对现在之世界人生而起者，非有绝对的价值也；其材料取诸人生，其理想亦视人生之缺陷逼仄，而趋于其反对之方面。如此之美术，唯于如此之世界，如此之人生中，始有价值耳。今设有人焉，自无始以来，无生死，无苦乐，无人世之挂碍，而唯有永远之知识，则吾人所宝为无上之美术，自彼视之，不过蛙鸣蝉噪而已。何则？美术上之理想，固彼之所自有；而其材料，又彼之所未尝经验故也。又设有人焉，备尝人世之苦痛，而已入于解脱之域，则美术之于彼也，亦无价值。何则？美术之价值，存于使人离生活之欲，而入于纯粹之知识。彼既无生活之欲矣，而复进之以美术，是犹馈壮夫以药石，多见其不知量而已矣。然而超今日之世界人生以外者，于美术之存亡，固自可不必问也。

夫然，故世界之大宗教，如印度之婆罗门教及佛教，希伯来之基督教，皆以解脱为唯一之宗旨。哲学家如古代希腊之柏拉图，近世德意志之叔本华，其最高之理想，亦存于解脱。殊如叔本华之说，由其深邃之知识论、伟大之形而上学出，一扫宗教之神话的面具，而易以名学之论法，其真挚之感情与巧妙之文字，又足以济之，故其说精密确实，非如古代之宗教及哲学说，徒属想像而已。然事不厌其求详，姑以生平所疑者商榷焉。夫由叔氏之哲学说，则一切人类及万物之根本，一也。故充叔氏拒绝意志之说，非一切人类及万物，各拒绝其生活之意志，则一人之意志，亦不可得而拒绝。何则？生活之意志之存于我者，不过其一最小部分，而其大部分之存于一切人类及万物者，皆与我之意志同。而此物我之差别，仅由于吾人知力之形式，故离此知力之形式，而反其根本而观之，则一切人类及万物之意志，皆我之意志也。然则拒绝吾一人之意志，而姝姝自悦曰解脱，是何异决蹄跨之水，而注之沟壑，而曰天下皆得平土而居之哉！佛之言曰："若不尽度众生，誓不成佛。"其言犹若有能之而不欲之意。然自吾人观之，此岂徒能之而不欲哉！将毋欲之而不能也。故如叔本华之言一人之解脱，而未言世界之解脱，实与其意志同一之说不能两立者也。叔氏无意识中亦触此疑问，故于其《意志及观念之世界》之第四编之末，力护其说曰：

人之意志，于男女之欲，其发现也为最著。故完全之贞操，乃拒绝意志，即解脱之第一步也。夫自然中之法则，固自最确实者。使人人而行此格言，则人类之灭绝，自可立而待。至人类以降之动物，其解脱与坠落，亦当视人类以为准。《吠陀》之经典曰："一切众生之待圣人，如饥儿之望慈父母也。"基督教中亦有此思想。珊列休斯于其《人持一切物归于上帝》之小诗中曰："嗟汝万物灵，有生皆爱汝。总总环汝旁，如儿索母乳。携之适天国,惟汝力是怙。"德意志之神秘学者马斯太哀克赫德亦云:"《约翰福音》云:余之离世界也,将引万物而与我俱。基督岂欺我哉!夫善人固将持万物而归之于上帝,即其所从出之本者也。今夫一切生物,皆为人而造,又各自相为用;牛羊之于水草,鱼之于水,鸟之于空气,野兽之于林莽皆是也。一切生物皆上帝所造,以供善人之用,而善人携之以归上帝。"彼意盖谓人之所以有用动物之权利者,实以能救济之之故也。

于佛教之经典中,亦说明此真理。方佛之尚为菩提萨埵也,自王宫逸出而入深林时,彼策其马而歌曰:"汝久疲于生死兮,今将息此任载。负余躬以遐举兮,继今日而无再。苟彼岸其余达兮,余将徘徊以汝待。"(《佛国记》)此之谓也。

(英译《意志及观念之世界》第一册第四百九十二页)

然叔氏之说,徒引据经典,非有理论的根据也。试问释迦示寂以后,基督尸十字架以来,人类及万物之欲生奚若?其痛若又奚若?吾知其不异于昔也。然则所谓持万物而归之上帝者,其尚有所待欤?抑徒沾沾自喜之说,而不能见诸实事者欤?果如后说,则释迦、基督自身之解脱与否,亦尚在不可知之数也。往者作一律曰:

生平颇忆挈虚教，东过蓬莱浴海涛。何处云中闻犬吠，至今湖畔尚乌号。人间地狱真无间，死后泥洹柱自豪。终古众生无度日，世尊祇合老尘嚣。

何则？小宇宙之解脱，视大宇宙之解脱以为准故也。赫尔德曼人类涅槃之说，所以起而补叔氏之缺点者以此。要之，解脱之足以为伦理学上最高之理想与否，实存于解脱之可能与否。若夫普通之论难，则固如楚楚蜉蝣，不足以撼十围之大树也。

今使解脱之事，终不可能，然一切伦理学上之理想，果皆可能也欤？今夫与此无生主义相反者，生生主义也。夫世界有限，而生人无穷。以无穷之人，生有限之世界，必有不得遂其生者矣。世界之内，有一人不得遂其生者，固生生主义之理想之所不许也。故由生生主义之理想，则欲使世界生活之量，达于极大限，则人人生活之度，不得不达于极小限。盖度与量二者，实为一精密之反比例，所谓最大多数之最大福祉者，亦仅归于伦理学者之梦想而已。夫以极大之生活量，而居于极小之生活度，则生活之意志之拒绝也奚若？此生生主义与无生主义相同之点也。苟无此理想，则世界之内，弱之肉，强之食，一任诸天然之法则耳，奚以伦理为哉？然世人日言生生主义，而此理想之达于何时，则尚在不可知之数。要之，理想者，可近而不可即，亦终古不过一理想而已矣。人知无生主义之理想之不可能,而自忘其主义之理想之何若,此则大不可解脱者也。

夫如是,则《红楼梦》之以解脱为理想者,果可菲薄也欤?夫以人生忧患之如彼,而劳苦之如此,苟有血气者,未有不渴慕救济者也;不求之于实行,犹将求之于美术。独《红楼梦》者,同时与吾人以二者之救济。人而自绝于救济则已耳;不然,则对此宇宙之大著述,宜如何企踵而欢迎之也!

余论

自我朝考证之学盛行,而读小说者,亦以考证之眼读之。于是评《红楼梦》者,纷然索此书之主人公之为谁,此又甚不可解者也。夫美术之所写者,非个人之性质,而人类全体之性质也。惟美术之特质,贵具体而不贵抽象。于是举人类全体之性质,置诸个人之名字之下。譬诸副墨之子,洛诵之孙,亦随吾人之所好名之而已。善于观物者能就个人之事实,而发见人类全体之性质。今对人类之全体,而必规规焉求个人以实之,人之知力相越,岂不远哉!故《红楼梦》之主人公,谓之贾宝玉可,谓之"子虚""乌有"先生可,即谓之纳兰容若,谓之曹雪芹,亦无不可也。

综观评此书者之说,约有二种:一谓述他人之事,一谓作者自写其生平也。第一说中,大抵以贾宝玉为即纳兰性德,其说要非无所本。案性德《饮水诗集·别意》六首之三曰：

> 独拥余香冷不胜，残更数尽思腾腾。今宵便有随风梦，知在红楼第几层？

又《饮水词》中《于中好》一阕云：

> 别绪如丝睡不成，那堪孤枕梦边城。因听紫塞三更雨，却忆红楼半夜灯。

又《减字木兰花》一阕咏新月云：

> 莫教星替，守取团圆终必遂。此夜红楼，天上人间一样愁。

"红楼"之字凡三见，而云"梦红楼"者一。又其亡妇忌日，作《金缕曲》一阕，其首三句云：

> 此恨何时已，滴空阶，寒更雨歇，葬花天气。

"葬花"二字，始出于此。然则《饮水集》与《红楼梦》之间，稍有文字之关系，世人以宝玉为即纳兰侍卫者，殆由于此。然诗人与小说家之用语,其偶合者固不少。苟执此例以求《红楼梦》之主人公,吾恐其可以傅合者,断不止容若一人而已。若夫作者之姓名(遍考各书,未见曹雪芹何名。)与作书之年月,其为读此书者所当知,似更比主人公之姓名为尤要,顾无一人为之考证者,此则大不可解者也。

至谓《红楼梦》一书,为作者自道其生平者,其说本于此书第一回"竟不如我亲见亲闻的几个女子"一语。信如此说,则唐旦之《天国喜剧》可谓无独有偶者矣。然所谓亲见亲闻者,亦可自旁观者之口言之,未必躬为剧中之人物。如谓书中种种境界,种种人物,非局中人不能道,则是《水浒传》之作者必为大盗,《三国演义》之作者必为兵家,此又大不然之说也。且此问题,实为美术之渊源之问题相关系。如谓美术上之事,非局中人不能道,则其渊源必全存于经验而后可。夫美术之源,出于先天,抑由于经验,此西洋美学上至大之问题也。叔本华之论此问题也,最为透辟。兹援其说,以结此论。其言(此论本为绘画及雕刻发,然可通之于诗歌小说。)曰:

人类之美之产于自然中者,必由下文解释之,即意志于其客观化之最高级(人类)中,由自己之力与种种之情况,而打胜下级(自然力)之抵抗,以占领其物质。且意志之发现于高等之阶级也,其形式必复杂。即以一树言之,乃无数之细胞,合而成一系统者也。其阶级愈高,其结合愈复。人类之身体，乃最复杂之系统也，各部分各有一特别之生活，其对全体也，则为隶属；其互相对也，则为同僚；互相调和，以为其全体之说明，不能增也，不能减也。能如此者，则谓之美。此自然中不得多见者也。顾美之于自然中如此，于美术中则何如？或有以美术家为模仿自然者。然彼苟无美之预想存于经验之前，则安从取自然中完全之物而模仿之，又以之与不完全者相区别哉？且自然亦安得时时生一人焉，于其各部分皆完全无缺哉？或又谓美术家必先于人之肢体中，观美丽之各部分，而由之以构成美丽之全体。此又大愚不灵之说也。即令如此，彼又何自知美丽之在此部分而非彼部分哉？故美之知识，断非自经验的得之，即非后天的而常为先天的；即不然，亦必其一部分常为先天的也。吾人于观人类之美后，始认其美；但在真正之美术家，其认识之也，极其明速之度，而其表出之也，胜乎自然之为。此由吾人之自身即意志，而于此所判断及发见者，乃意志于最高级之完全之客观化也。唯如是，吾人斯得有美之预想。而在真正之天才，于美之预想外，更伴以非常之巧力。彼于特别之物中，认全体之理念，遂解自然之嗫嚅之言语而代言之，即以自然所百计而不能产出之美，现之于绘画及雕刻中，而若语自然曰：此即汝之所欲言而不得者也。苟有判断之能力者，必将应之曰是。唯如是，故希腊之天才，能发见人类之美之形式，而永为万世雕刻家之模范。唯如是，故吾人对自然于特别之境遇中所偶然成功者，而得认其美。此美之预想，乃自先天中所知者，即理想的也；比其现于美术也，则为实际的。何则？此与后天中所与之自然物相合故也。如此，美术家先天中有美之预想，而批评家于后天中认识之，此由美术家及批评家，乃自然之自身之一部，而意志于此客观化者也。哀姆攀独克尔曰："同者唯同者知之。"故唯自然能知自然，唯自然能言自然，则美术家有自然之美之预想，固自不足怪也。

芝诺芬述苏格拉底之言曰："希腊人之发见人类之美之理想也由于经验，即集合种种美丽之部分，而于此发见一膝，于彼发见一臂。"此大谬之说也。不幸而此说又蔓延于诗歌中。即以狭斯丕尔言之，谓其戏曲中所描写之种种之人物，乃其一生之经验中所观察者，而极其全力以模写之者也。然诗人由人性之预想而作戏曲、小说，与美术家之由美之预想而作绘画及雕刻无以异。唯两者于其创作之途中，必须有经验以为之补助。夫然，故其先天中所已知者，得唤起而入于明晰之意识而后表出之，事乃可得而能也。

（叔氏《意志及观念之世界》第一册第二百八十五页至二百八十九页）

由此观之，则谓《红楼梦》中所有种种之人物、种种之境遇，必本于作者之经验，则雕刻与绘画家之写人之美也，必此取一膝、彼取一臂而后可，其是与非，不待知者而决矣。读者苟玩前数章之说，而知《红楼梦》之精神与其美学、伦理学上之价值，则此种议论自可不生。苟知美术之大有造于人生，而《红楼梦》自足为我国美术上之唯一大著述，则其作者之姓名与其著书之年月，固当为唯一考证之题目。而我国人之所聚讼者，乃不在此而在彼，此足以见吾国人之对此书之兴味之所在，自在彼而不在此也。故为破其惑如此。

（原载《教育世界》杂志1904年）

宋元戏曲考（节选）

自序

凡一代有一代之文学。楚之骚，汉之赋，六代之骈语，唐之诗，宋之词，元之曲，皆所谓一代之文学，而后世莫能继焉者也。独元人之曲，为时既近，托体稍卑，故两朝史志及《四库》集部均不著于录，后世儒硕皆鄙弃不复道。而为此学者，大率不学之徒；即有一二学子以余力及此，亦未有能观其会通，窥其奥窔者。遂使一代文献郁堙沉晦者且数百年，愚甚惑焉。往者读元人杂剧而善之，以为能道人情，状物态，词采俊拔而出乎自然。盖古所未有，而后人所不能仿佛也。辄思究其渊源，明其变化之迹，以为非求诸唐宋辽金之文学，弗能得也。乃成《曲录》六卷，《戏曲考原》一卷，《宋大曲考》一卷，《优语录》二卷，《古剧脚色考》一卷，《曲调源流表》一卷。从事既久，续有所得，颇觉昔人之说与自己之书罅漏日多，而手所疏记与心所领会者，亦日有增益。壬子岁暮，旅居多暇,乃以三月之力写为此书。凡诸材料,皆余所搜集;其所说明,亦大抵余之所创获也。世之为此学者自余始,其所贡于此学者,亦以此书为多。非吾辈才力过于古人,实以古人未尝为此学故也。写定有日,辄记其缘起。其有匡正补益,则俟诸异日云。海宁王国维序。

宋之小说杂戏

宋之滑稽戏虽托故事以讽时事,然不以演事实为主,而以所含之意义为主。至其变为演事实之戏剧,则当时之小说实有力焉。

小说之名起于汉,《西京赋》云:"小说九百,本自虞初。"《汉书·艺文志》有"《虞初周说》九百四十四篇"。其书之体例如何,今无由知。唯《魏略》(《魏志·王粲传》注引)言:"临淄侯植,诵俳优小说数千言。"则似与后世小说已不相远。六朝时,干宝、任昉、刘义庆诸人咸有著述,至唐而大盛。今《太平广记》所载,实集其成。然但为著述上之事,与宋之小说无与焉。宋之小说则不以著述为事,而以讲演为事。灌园耐得翁《都城纪胜》谓:"说话有四种,一小说,一说经,一说参请,一说史书。"《梦粱录》(卷二十)所纪略同。《武林旧事》(卷六)所载诸色伎艺人中,有书会(谓说书会),有演史,有说经诨经,有小说。而《都城纪胜》《梦粱录》均谓小说人能以一朝一代故事,顷刻间提破。则演史与小说自为一类。此三书所记皆南渡以后之事,而其源则发于宋初。高承《事物纪原》(卷九):"仁宗时,市人有能谈三国事者,或采其说,加缘饰,作影人。"《东坡志林》(卷六):王彭尝云:"涂巷中小儿薄劣,为其家所厌苦,辄与钱,令聚坐,听说古话,至说三国事。"云云。《东京梦华录》(卷五)所载京瓦伎艺,有霍四究说三分,尹常卖《五代史》。至南渡以后,有敷衍《复华篇》及《中兴名将传》者,见于《梦粱录》。此皆演史之类也。其无关史事者,则谓之小说。《梦粱录》云:"小说一名银字儿,如烟粉、灵怪、传奇、公案、朴刀杆棒、发发踪参等事。"则其体例亦当与演史大略相同。今日所传之《五代平话》,实演史之遗;《宣和遗事》,殆小说之遗也。此种说话以叙事为主,与滑稽剧之但托故事者迥异。其发达之迹虽略与戏曲平行,而后世戏剧之题目多取诸此,其结构亦多依仿为之,所以资戏剧之发达者实不少也。

至与戏剧更相近者,则为傀儡。傀儡起于周季,《列子》以偃师刻木人事为在周穆王时,或系寓言;然谓列子时已有此事,当不诬也。《乐府杂录》以为起于汉祖平城之围,其说无稽。《通典》则云:"《窟礧子》作偶人以戏,善歌舞,本丧家乐也,汉末始用之于嘉会。"其说本于应劭《风俗通》,则汉时固确有此戏矣。汉时此戏结构如何,虽不可考,然六朝之际,此戏已演故事。《颜氏家训·书证篇》:"或问:俗名傀儡子为郭秃,有故实乎?答曰:《风俗通》云,诸郭皆讳秃,当是前世有姓郭而病秃者,滑稽调戏,故后人为其象,呼为郭秃。"唐时傀儡戏中之郭郎实出于此,至宋犹有此名。唐之傀儡亦演故事,《封氏闻见记》(卷六):"大历中,太原节度辛景云葬日,诸道节度使使人修祭。范阳祭盘最为高大,刻木为尉迟鄂公、突厥斗将之象,机关动作,不异于生。祭讫,灵车欲过,使者请曰:对数未尽。又停车,设项羽与汉高祖会鸿门之象,良久乃毕。"至宋而傀儡最盛,种类亦最繁,有悬丝傀儡、走线傀儡、杖头傀儡、药发傀儡、肉傀儡、水傀儡各种(《东京梦华录》《武林旧事》《梦粱录》)。《梦粱录》云:"凡傀儡敷衍烟粉、灵怪、铁骑、公案、史书,历代君臣将相故事。话本或讲史,或作杂剧,或如崖词。(中略)大抵弄此,多虚少实,如《巨灵神》《朱姬大仙》等也。"则宋时此戏实与戏剧同时发达,其以敷衍故事为主,且较胜于滑稽剧。此于戏剧之进步上,不能不注意者也。

傀儡之外,似戏剧而非真戏剧者,尚有影戏。此则自宋始有之。《事物纪原》(卷九):"宋朝仁宗时,市人有能谈三国事者,或采其说加缘饰、作影人,始为魏、吴、蜀三分战争之象。"《东京梦华录》所载京瓦伎艺,有影戏,有乔影戏。南宋尤盛。《梦粱录》云:"有弄影戏者,元汴京初以素纸雕簇,自后人巧工精,以羊皮雕形,以彩色装饰,不致损坏。(中略)其话本与讲史书者颇同,大抵真假相半。公忠者雕以正貌,奸邪者刻以丑形,盖亦寓褒贬于其间耳。"然则影戏之为物,专以演故事为事，与傀儡同。此亦有助于戏剧之进步者也。

以上三者，皆以演故事为事。小说但以口演，傀儡、影戏则为其形象矣，然而非以人演也；其以人演者，戏剧之外，尚有种种，亦戏剧之支流，而不可不一注意也。

"三教"《东京梦华录》(卷十)："十二月，即有贫者，三教人为一火，装妇人、神、鬼，敲锣击鼓，巡门乞钱，俗呼为'打夜胡'。"

"讶鼓"《续墨客挥犀》(卷七)："王子醇初平熙河，边陲宁静，讲武之暇，因教军士为讶鼓戏，数年间遂盛行于世。其举动、舞装之状与优人之词，皆子醇初制也。或云：子醇初与西人对阵，兵未交，子醇命军士百余人装为讶鼓队，绕出军前，虏见皆愕眙，进兵奋击，大破之。"《朱子语类》(卷一百三十九)亦云："如舞讶鼓，其间男子、妇人、僧道、杂色无所不有，但都是假的。"

"舞队"《武林旧事》(卷二)所记舞队，全与前二者相似。今列其目（原著所列之目略）其中装作种种人物，或有故事。其所以异于戏剧者，则演剧有定所，此则巡回演之。然后来戏名、曲名中多用其名目，可知其与戏剧非毫无关系也。

元剧之结构

元剧以一宫调之曲一套为一折。普通杂剧，大抵四折，或加楔子。按《说文》(六):"楔,櫼也。"今木工于两木间有不固处,则斫木札入之,谓之楔子,亦谓之櫼。杂剧之楔子亦然,四折之外,意有未尽,则以楔子足之。昔人谓北曲之楔子即南曲之引子,其实不然。元剧楔子或在前,或在各折之间,大抵用【仙吕·赏花时】或【端正好】二曲。唯《西厢记》第二剧中之楔子,则用【正宫·端正好】全套,与一折等,其实亦楔子也。除楔子计之,仍为四折。唯纪君祥之《赵氏孤儿》,则有五折,又有楔子。此为元剧变例。又张时起之《赛花月秋千记》,今虽不存,然据《录鬼簿》所纪,则有六折。此外无闻焉。若《西厢记》之二十折,则自五剧构成,合之为一,分之则仍为五。此在元剧中,亦非仅见之作。如吴昌龄之《西游记》,其书至国初尚存,其著录于《也是园书目》者云四卷,见于曹寅《楝亭书目》者云六卷。明凌濛初《西厢序》云:"吴昌龄《西游记》有六本。"则每本为一卷矣。凌氏又云:"王实甫《破窑记》《丽春园》《贩茶船》《进梅谏》《于公高门》,各有二本;关汉卿《破窑记》《浇花旦》,亦各有二本。"此必与《西厢记》同一体例。此外,《录鬼簿》所载,如李文蔚有《谢安东山高卧》,下注云"赵公辅次本";而于赵公辅之《晋谢安东山高卧》下,则注云"次本"。武汉臣有《虎牢关三战吕布》,下注云"郑德辉次本";而于郑德辉此剧下,则注云"次本"。盖李、武二人作前本。而赵、郑续之,以成一全体者也。余如武汉臣之《曹伯明错勘赃》,尚仲贤之

《崔护谒浆》、赵子祥之《太祖夜斩石守信》《风月害夫人》，赵文殷之《宦门子弟错立身》，金仁杰之《蔡琰还朝》，皆注"次本"。虽不言所续何人，当亦续《西厢记》之类。然此不过增多剧数，而每剧之以四折为率，则固无甚出入也。

杂剧之为物，合动作、言语、歌唱三者而成。故元剧对此三者，各有其相当之物。其纪动作者曰"科"，纪言语者曰"宾"曰"白"，纪所歌唱者曰"曲"。元剧中所纪动作皆以"科"字终，后人与"白"并举，谓之"科白"，其实自为二事。《辍耕录》纪金人院本，谓教坊魏、武、刘三人鼎新编辑，魏长于念诵，武长于筋斗，刘长于科泛。"科泛"，或即指动作而言也。宾、白，则余所见周宪王自刊杂剧，每剧题目下即有"全宾"字样。明姜南《抱璞简记》（《续说郛》卷十九）曰："北曲中有全宾全白，两人相说曰宾，一人自说曰白。"则宾、白又有别矣。臧氏《元曲选序》云："或谓元取士有填词科，（中略）主司所定题目外，止曲名及韵耳。其宾白则演剧时伶人自为之，故多鄙俚蹈袭之语。"填词取士说之妄，今不必辩。至谓宾白为伶人自为，其说亦颇难通。元剧之词，大抵曲、白相生；苟不兼作白，则曲亦无从作，此最易明之理也。今就其存者言之，则《元曲选》中百种，无不有白，此犹可诿为明人之作也；然白中所用之语，如马致远《荐福碑》剧中之"曳剌"、郑光祖《王粲登楼》剧中之"点汤"，一为辽、金人语，一为宋人语，明人已无此语，必为当时之作无疑。至《元刊杂剧三十种》,则有曲无白者诚多,然其与《元曲选》复出者,字句亦略相同,而有曲、白相生之妙,恐坊间刊刻时删去其白,如今日坊刊脚本然。盖白则人人皆知,而曲则听者不能尽解。此种刊本当为供观剧者之便故也。且元剧中宾白鄙俚蹈袭者固多,然其杰作,如《老生儿》等,其妙处全在于白,苟去其白,则其曲全无意味。欲强分为二人之作,安可得也?且周宪王时代去元未远,观其所自刊杂剧,曲、白俱全,则元剧亦当如此,愈以知臧说之不足信矣。

元剧每折唱者止限一人,若末若旦,他色则有白无唱;若唱,则限于楔子中;至四折中之唱者,则非末若旦不可。而末若旦所扮者,不必皆为剧中主要之人物;苟剧中主要之人物于此折不唱,则亦退居他色,而以末若旦扮唱者,此一定之例也。然亦有出于例外者,如关汉卿之《蝴蝶梦》第三折,则旦之外,俫儿亦唱。尚仲贤之《气英布》第四折,则正末扮探子唱,又扮英布唱。张国宾之《薛仁贵》第三折,则丑扮禾旦上唱,正末复扮伴哥唱。范子安之《竹叶舟》第三折,则首列御寇唱,次正末唱。然《气英布》剧探子所唱已至尾声,故元刊本及《雍熙乐府》所选,皆至尾声而止,后三曲或后人所加。《蝴蝶梦》《薛仁贵》中,俫及丑所唱者,既非本宫之曲,且刊本中皆低一格,明非曲。《竹叶舟》中,列御寇所唱明曰道情,至下【端正好】曲,乃入正剧。盖但以供点缀之用,不足破元剧之例也。唯《西厢记》第一、第四、第五剧之第四折,皆以二人唱。今《西厢》只有明人所刊，其为原本如此，抑由后人窜入，则不可考矣。

元剧脚色中，除末、旦主唱，为当场正色外，则有净有丑，而末、旦二色支派弥繁。今举其见于元剧者，则末有外末、冲末、二末、小末；旦有老旦、大旦、小旦、旦俫、色旦、搽旦、外旦、贴旦等。《青楼集》云："凡伎以墨点破其面为花旦"，元剧中之色旦、搽旦殆即是也。元剧有外旦、外末，而又有外；外则或扮男，或扮女，当为外末、外旦之省。外末、外旦之省为外，犹贴旦之后省为贴也。按《宋史·职官志》："凡直馆院，则谓之馆职；以他官兼者，谓之贴职。"又《武林旧事》（卷四）"乾淳教坊乐部"有衙前，有和顾，而和顾人中，如朱和、蒋宁、王原全下，皆注云"次贴衙前"，意当与贴职之贴同，即谓非衙前而充衙前（"衙前"，谓临安府乐人）也。然则曰冲、曰外、曰贴，均系一义，谓于正色之外，又加某色以充之也。此外见于元剧者，以年龄言，则有若孛老、卜儿、俫儿；以地位、职业言，则有若孤、细酸、伴歌、禾旦、曳剌、邦老，皆有某色以扮之，而其自身则非脚色之名，与宋、金之脚色无异也。

元剧中歌者与演者之为一人，固不待言。毛西河《词话》独创异说，以为演者不唱、唱者不演。然《元曲选》各剧明云"末唱""旦唱"；《元刊杂剧》亦云"正末开"或"正末放"，则为旦、末自唱可知。且毛氏"连厢"之说，元、明人著述中从未见之，疑其言犹蹈明人杜撰之习；即有此事，亦不过演剧中之一派，而不足以概元剧也。

演剧时所用之物，谓之"砌末"。焦理堂《易余籥录》（卷十七）曰："《辍耕录》有'诸杂砌'之目，不知所谓。按元曲《杀狗劝夫》，祇从取砌末上，谓所埋之死狗也；《货郎旦》外旦取砌末付净科，谓金银财宝也；《梧桐雨》正末引宫娥挑灯拿砌末上，谓七夕乞巧筵所设物也；《陈抟高卧》外扮使臣引卒子捧砌末上，谓诏书纁帛也；《冤家债主》和尚交砌末科，谓银也；《误入桃源》正末扮刘晨、外扮阮肇带砌末上，谓行李包裹或采药器具也；又净扮刘德引沙三、王留等将砌末上，谓春社中羊酒、纸钱之属也。"余谓焦氏之解砌末是也；然以之与杂砌相牵合，则颇不然。杂砌之解，已见上文，似与砌末无涉。砌末之语虽始见元剧，必为古语。按宋无名氏《续墨客挥犀》（卷七）云："问'今州郡有公宴，将作曲，伶人呼细末将来，此是何义？'对曰：'凡御宴进乐，先以弦声发之，然后众乐和之，故号丝抹将来。'今所在起曲，遂先之以竹声，不唯讹其名，亦失其实矣。"又张表臣《珊瑚钩诗话》（卷二）亦云："始作乐必曰'丝抹将来'，亦唐以来如是。"余疑"砌末"或为"细末"之讹，盖"丝抹"一语既讹为"细末"，其义已亡，而其语独存，遂误视为"将某物来"之意，因以指演剧时所用之物耳。

元剧之文章

元杂剧之为一代之绝作,元人未之知也。明之文人始激赏之,至有以关汉卿比司马子长者(韩文靖邦奇)。三百年来,学者、文人大抵屏元剧不观;其见元剧者,无不加以倾倒,如焦理堂《易余籥录》之说,可谓具眼矣。焦氏谓一代有一代之所胜,欲自楚骚以下撰为一集,汉则专取其赋,魏晋六朝至隋则专录其五言诗,唐则专录其律诗,宋专录其词,元专录其曲。余谓律诗与词固莫盛于唐、宋,然此二者果为二代文学中最佳之作否,尚属疑问。若元之文学,则固未有尚于其曲者也。元曲之佳处何在?一言以蔽之,曰:自然而已矣。古今之大文学,无不以自然胜,而莫著于元曲。盖元剧之作者,其人均非有名位、学问也;其作剧也,非有藏之名山、传之后人之意也。彼以意兴之所至为之,以自娱娱人。关目之拙劣所不问也,思想之卑陋所不讳也,人物之矛盾所不顾也。彼但摹写其胸中之感想与时代之情状,而真挚之理与秀杰之气时流露于其间。故谓元曲为中国最自然之文学,无不可也。若其文字之自然,则又为其必然之结果,抑其次也。

明以后传奇,无非喜剧,而元则有悲剧在其中。就其存者言之,如《汉宫秋》《梧桐雨》《西蜀梦》《火烧介子推》《张千替杀妻》等,初无所谓先离后合、始困终亨之事也。其最有悲剧之性质者,则如关汉卿之《窦娥冤》,纪君祥之《赵氏孤儿》。剧中虽有恶人交构其间，而其蹈汤赴火者，仍出于其主人翁之意志，即列之于世界大悲剧中，亦无愧色也。

元剧关目之拙，固不待言。此由当日未尝重视此事，故往往互相蹈袭，或草草为之。然如武汉臣之《老生儿》、关汉卿之《救风尘》，其布置、结构，亦极意匠惨淡之致，宁较后世之传奇有优无劣也。

然元剧最佳之处，不在其思想、结构，而在其文章。其文章之妙，亦一言以蔽之，曰：有意境而已矣。何以谓之有意境？曰：写情则沁人心脾，写景则在人耳目，述事则如其口出是也。古诗词之佳者无不如是，元曲亦然。明以后，其思想、结构尽有胜于前人者，唯意境则为元人所独擅。兹举数例以证之。其言情、述事之佳者，如关汉卿《谢天香》第三折：

【正宫端正好】我往常在风尘为歌妓，不过多见了几个筵席，回家来，仍作个自由鬼。今日倒落在无底磨牢笼内。

马致远《任风子》第二折：

【正宫端正好】添酒力，晚风凉，助杀气，秋云暮，尚兀自脚趔趄，醉眼模糊。他化的我一方之地都食素，单则俺杀生的无缘度。

语语明白如画,而言外有无穷之意。又如《窦娥冤》第二折:

【斗虾蟆】空悲戚,没理会,人生死,是轮回。感著这般病疾,值著这般时势,可是风寒暑湿,或是饥饱劳役,各人征候自知。人命关天关地,别人怎生替得?寿数非干一世,相守三朝五夕。说甚一家一计,又无羊酒缎匹,又无花红财礼。把手为活过日,撒手如同休弃。不是窦娥忤逆,生怕旁人论议,不如听咱劝你,认个自家晦气。割舍的一具棺材,停置几件布帛,收拾出了咱家门里,送入他家坟地。这不是你那从小儿年纪,指脚的夫妻。我其实不关亲,无半点凄怆泪。休得要,心如醉,意似痴,便这等嗟嗟怨怨、哭哭啼啼。

此一曲直是宾白,令人忘其为曲。元初所谓当行家,大率如此。至中叶以后,已罕觏矣。其写男女离别之情者,如郑光祖《倩女离魂》第三折:

【醉春风】空服遍痌眩药,不能痊。知他这腌臜病何日起?要好时,直等的见他时。也只为这症候,因他上得得。一会家缥渺呵,忘了魂灵;一会家精细呵,使著躯壳;一会家混沌呵,不知天地。

【迎仙客】日长也,愁更长;红稀也,信尤稀;春归也，奄然人未归。我则道，相别也数十年；我则道，相隔著数万里。为数归期，则那竹院里刻遍琅玕翠。

此种词，如弹丸脱手，后人无能为役。唯南曲中《拜月》《琵琶》差能近之。

至写景之工者，则马致远《汉宫秋》第三折：

【梅花酒】呀！对著这迥野凄凉，草色已添黄。兔起早迎霜，犬褪得毛苍，人搊起缨枪，马负著行装，车运著馕粮，打猎起围场。他、他、他伤心辞汉主，我、我、我携手上河梁；他部从入穷荒，我銮舆返咸阳。返咸阳，过宫墙；过宫墙，绕回廊；绕回廊，近椒房；近椒房，月昏黄；月昏黄，夜生凉；夜生凉，泣寒螀；泣寒螀，绿纱窗；绿纱窗，不思量！

【收江南】呀！不思量，便是铁心肠；铁心肠，也愁泪滴千行。美人图今夜挂昭阳，我那里供养，便是我，高烧银烛照红妆。

（尚书云）陛下回銮罢，娘娘去远了也。（驾唱）：

【鸳鸯煞】我煞大臣行、说一个推辞谎，又则怕笔尖儿那火编修讲。不见那花朵儿精神，怎趁那草地里风光？唱道伫立多时，徘徊半晌，猛听的塞雁南翔，呀呀的声嘹亮，却原来满目牛羊，是兀那载离恨的毡车半坡里响。

以上数曲，真所谓写情则沁人心脾，写景则在人耳目，述事则如其口出者。第一期之元剧，虽浅深、大小不同，而莫不有此意境也。

古代文学之形容事物也，率用古语，其用俗语者绝无。又所用之字数亦不甚多。独元曲以许用衬字故，故辄以许多俗语，或以自然之声音形容之，此自古文学上所未有也。兹举其例，如《西厢记》第四剧第四折：

【雁儿落】绿依依，墙高柳半遮；静悄悄，门掩清秋夜；疏剌剌，林梢落叶风；昏惨惨，云际穿窗月。

【得胜令】惊觉我的是颤颤巍竹影走龙蛇，虚飘飘庄周梦蝴蝶，絮叨叨促织儿无休歇，韵悠悠砧声儿不断绝。痛煞煞伤别，急煎煎好梦儿应难舍。冷清清的咨嗟，娇滴滴玉人儿何处也？

此犹仅用三字也。其用四字者，如马致远《黄粱梦》第四折：

【叨叨令】我这里稳丕丕土炕上迷飐没腾的坐，那婆婆将粗剌剌陈米喜收希和的播，那寒驴儿柳阴下舒著足乞留恶滥的卧，那汉子去脖项上婆婆没索的摸。你则早醒来了也么哥，你则早醒来了也么哥，可正是窗前弹指时光过。

其更奇绝者，则如郑光祖《倩女离魂》第四折：

【古水仙子】全不想这姻亲是旧盟，则待教燠庙火刮刮匝匝烈焰生，将水面上鸳鸯忒楞楞腾分开交颈，疏剌剌沙鞴雕鞍撒了锁鞚，厮琅琅汤偷香处喝号提铃，支楞楞争弦断了不续碧玉筝，吉丁丁珰精砖上摔破菱花镜，扑通通东井底坠银瓶。

又无名氏《货郎旦》剧第三折，则所用叠字其数更多：

【货郎儿六转】我则见黯黯惨惨天涯云布，万万点点潇湘夜雨。正值著窄窄狭狭沟沟堑堑路崎岖，黑黑黯黯形云布，赤留赤律潇潇洒洒断断续续出出律律忽忽鲁鲁阴云开处，霍霍闪闪电光星注；正值著飕飕摔摔风，淋淋渌渌雨，高高下下凹凹答答一水模糊，扑扑簌簌湿湿渌渌疏林人物，却便似一幅惨惨昏昏潇湘水墨图。

由是观之，则元剧实于新文体中自由使用新言语，在我国文学中，于《楚辞》《内典》外，得此而三。然其源远在宋、金二代，不过至元而大成。其写景、抒情、述事之美，所负于此者实不少也。

元曲分三种，杂剧之外，尚有小令、套数。小令只用一曲，与宋词略同；套数则合一宫调中诸曲为一套，与杂剧之一折略同。但杂剧以代言为事，而套数则以自叙为事，此其所以异也。元人小令、套数之佳，亦不让于其杂剧。兹各录其最佳者一篇，以示其例，略可以见元人之能事也。

小令

《天净沙》（无名氏。此词庶斋《老学丛谈》及元刊《乐府新声》均不著名氏。《尧山堂外纪》以为马致远撰，朱竹垞《词综》仍之，不知何据）：

枯藤老树昏鸦，小桥流水人家，古道西风瘦马，夕阳西下，断肠人在天涯。

套数

《秋思》（马致远。见元刊《中原音韵》《乐府新声》）：

【双调夜行船】百岁光阴如梦蝶，重回首，往事堪嗟。昨日春来，今朝花谢，急罚盏，夜阑灯灭。

【乔木查】秦宫汉阙，做衰草牛羊野，不恁渔樵无话说。纵荒坟横断碑，不辨龙蛇。

【庆宣和】投至狐踪与兔穴，多少豪杰，鼎足三分半腰折,魏耶?晋耶?

【落梅风】天教富,不待奢,无多时好天良夜。看钱奴硬将心似铁,空辜负锦堂风月。

【风入松】眼前红日又西斜,疾似下坡车,晚来清镜添白雪,上床与鞋履相别,莫笑鸠巢计拙,葫芦提一就装呆。

【拨不断】利名竭,是非绝,红尘不向门前惹,绿树偏宜屋角遮,青山正补墙东缺,竹篱茅舍。

【离亭宴煞】蛩吟罢,一枕才宁贴;鸡鸣后,万事无休歇;算名利,何年是彻?密匝匝蚁排兵,乱纷纷蜂酿蜜,闹穰穰蝇争血。裴公"绿野堂",陶令"血莲社"。爱秋来那些和露滴黄花,带霜烹紫蟹,煮酒烧红叶。人生有限杯,几个登高节?嘱咐与顽童记者:便北海探吾来,道东篱醉了也。

《天净沙》小令绝是天籁,仿佛唐人绝句。马东篱《秋思》一套,周德清评之,以为万中无一。明王元美等亦推为套数中第一,诚定论也。此二体虽与元杂剧无涉,可知元人之于曲,天实纵之,非后世所能望其项背也。

元代曲家,自明以来称关、马、郑、白。然以其年代及造诣论之,宁称关、白、马、郑为妥也。关汉卿一空依傍,自铸伟词,而其言曲尽人情,字字本色,故当为元人第一。白仁甫、马东篱高华雄浑,情深文明;郑德辉清丽芊绵,自成馨逸，均不失为第一流。其余曲家皆在四家范围内，惟宫大用瘦硬通神，独树一帜。以唐诗喻之，则汉卿似白乐天，仁甫似刘梦得，东篱似李义山，德辉似温飞卿，而大用则似韩昌黎；以宋词喻之，则汉卿似柳耆卿，仁甫似苏东坡，东篱似欧阳永叔，德辉似秦少游，大用似张子野。虽地位不必同，而品格则略相似也。明宁献王《曲品》跻马致远于第一，而抑汉卿于第十。盖元中叶以后，曲家多祖马、郑，而祧汉卿，故宁王之评如是，其实非笃论也。

元剧自文章上言之，优足以当一代之文学；又以其自然故，故能写当时政治及社会之情状，足以供史家论世之资者不少。又曲之多用俗语，故宋、金、元三朝遗语所存甚多。辑而存之、理而董之，自足为一专书。此又言语学上之事，而非此书之所有事也。

余论

一

由此书所研究者观之，知我国戏剧汉、魏以来，与百戏合，至唐而分为歌舞戏及滑稽戏二种；宋时滑稽戏尤盛，又渐借歌舞以缘饰故事；于是向之歌舞戏不以歌舞为主，而以故事为主，至元杂剧出而体制遂定。南戏出而变化更多，于是我国始有纯粹之戏曲；然其与百戏及滑稽戏之关系亦非全绝。此于

第八章论古剧之结构时已略及之。元代亦然。意大利人马哥朴禄《游记》中，记元世祖时曲宴礼节云："宴毕彻撤案，伎人入，优戏者、奏乐者、倒植者、弄手技者，皆呈艺于大汗之前，观者大悦。"则元时戏剧亦与百戏合演矣。明代亦然。吕毖《明宫史》（木集）谓："钟鼓司过锦之戏约有百回，每回十余人不拘。浓淡相间，雅俗并陈，全在结局有趣。如说笑话之类，又如杂剧故事之类，各有引旗一对，锣鼓送上。所装扮者，备极世间骗局俗态，并闺阃拙妇呆男，及市井商匠、刁赖词讼、杂耍把戏等项。"则与宋之杂扮略同。至杂耍把戏，则又兼及百戏，虽在今日，犹与戏剧未尝全无关系也。

二

由前章观之，则北剧、南戏皆至元而大成，其发达亦至元代而止。嗣是以后，则明初杂剧，如谷子敬、贾仲名辈，矜重典丽，尚似元代中叶之作；至仁、宣间，而周宪王有燉，最以杂剧知名，其所著见于《也是园书目》者共三十种。即以平生所见者论，其所自刊者九种，刊于《杂剧十段锦》者十种，而一种复出，共得十八种。其词虽谐稳，然元人生气至是顿尽，且中颇杂以南曲，且每折唱者不限一人，已失元人法度矣。此后唯王渼陂九思、康对山海，皆以北曲擅场；而二人所作《杜甫游春》《中山狼》二剧，均鲜动人之处。徐文长渭之《四声猿》，虽有佳处，然不逮元人远甚。至明季所谓杂剧，如汪伯玉道昆、陈玉阳与郊、梁伯龙辰鱼、梅禹金鼎祚、王辰玉衡、卓珂月人月所作，搜于《盛明杂剧》中者，既无定折，又多用南曲，其词亦无足观。南戏亦然。此戏明中叶以前作者寥寥，至隆、万后始盛，而尤以吴江沈伯英璟、临川汤义仍显祖为巨擘。沈氏之词以合律称，而其文则庸俗不足道；汤氏才思诚一时之隽，然较之元人，显有人工与自然之别。故余谓北剧、南戏限于元代，非过为苛论也。

三

杂剧、院本、传奇之名，自古迄今，其义颇不一。宋时所谓杂剧，其初殆专指滑稽戏言之。孔平仲《谈苑》（卷五）："山谷云：作诗正如作杂剧，初时布置，临了须打诨。"吕本中《童蒙训》亦云："如作杂剧，打猛诨人，却打猛诨出。"《梦粱录》亦云："杂剧全用故事，务在滑稽。"故第二章所集之滑稽戏，宋人恒谓之杂剧，此杂剧最初之意也。至《武林旧事》所载之官本杂剧段数，则多以故事为主，与滑稽戏截然不同；而亦谓之杂剧，盖其初本为滑稽戏之名，后扩而为戏剧之总名也。元杂剧又与宋官本杂剧截然不同。至明中叶以后，则以戏曲之短者为杂剧，其折数则自一折以至六七折皆有之，又舍北曲而用南曲，又非元人所谓杂剧矣。

院本之名义亦不一。金之院本与宋杂剧略同。元人既创新杂剧，而又有院本，则院本殆即金之旧剧也。然至明初，则已有谓元杂剧为院本者,如《草木子》所谓"北院本特盛,南戏遂绝"者,实谓北杂剧也。顾起元《客座赘语》谓:"南都万历以前大席,则用教坊打院本,乃北曲四大套者。"此亦指北杂剧言之也。然明文林《琅玡漫钞》(《苑录汇编》卷一百九十七)所纪太监阿丑打院本事,与《万历野获编》(卷二十六)所纪郭武定家优人打院本事,皆与唐、宋以来之滑稽戏同,则犹用金、元院本之本义也。但自明以后,大抵谓北剧或南戏为院本。《野获编》谓"逮本朝,院本久不传;今尚称院本者,犹沿宋、元之旧也。金章宗时,董解元《西厢》尚是院本模范"云云。其以《董西厢》为院本固误,然可知明以后所谓院本,实与戏曲之意无异也。

传奇之名,实始于唐。唐裴铏所作《传奇》六卷,本小说家言,为传奇之第一义也。至宋,则以诸宫调为传奇,《武林旧事》所载诸色伎艺人,诸宫调传奇有高郎妇、黄淑卿、王双莲、袁太道等。《梦粱录》亦云:"说唱诸宫调,昨汴京有孔三传,编成传奇、灵怪,入曲说唱。"即《碧鸡漫志》所谓"泽州孔三传首唱诸宫调古传,士大夫皆能诵之"者也。则宋之传奇,即诸宫调,一谓之古传,与戏曲亦无涉也。元人则以元杂剧为传奇,《录鬼簿》所著录者均为杂剧,而录中则谓之传奇。又,杨铁崖《元宫词》云:"《尸谏灵公》演传奇,一朝传到九重知。奉宣赍与中书省,诸路都教唱此词。"按:《尸谏灵公》乃鲍天祐所撰杂剧,则元人均以杂剧为传奇也。至明,人则以戏曲之长者为传奇（如沈璟《南九宫谱》等），以与北杂剧相别。乾隆间，黄文旸编《曲海目》，遂分戏曲为杂剧、传奇二种。余曩作《曲录》，从之。盖传奇之名，至明凡四变矣。

戏文之名出于宋、元之间，其意盖指南戏。明人亦多用此语，意亦略同。唯《野获编》始云："自北有《西厢》，南有《拜月》，杂剧变为戏文，以至《琵琶》，遂演为四十余折，几倍杂剧。"则戏曲之长者，不问北剧、南戏，皆谓之戏文，意与明以后所谓传奇无异。而戏曲之长者，北少而南多，故亦恒指南戏。要之，意义之最少变化者，唯此一语耳。

至我国乐曲与外国之关系，亦可略言焉。三代之顷，庙中已列夷蛮之乐。汉张骞之使西域也，得《摩诃兜勒》之曲以归，至晋吕光平西域，得龟兹之乐，而变其声。魏太武平河西得之，谓之西凉乐；魏、周之际，遂谓之国伎。龟兹之乐，亦于后魏时入中国。至齐、周二代，而胡乐更盛。《隋志》谓："齐后主唯好胡戎乐，耽爱无已，于是繁乎淫声，争新哀怨，故曹妙达、安未弱、安马驹之徒，至有封王开府者（曹妙达之祖曹婆罗门，受琵琶曲于龟兹商人，盖亦西域人也），遂服簪缨而为伶人之事。后主亦能自度曲，亲执乐器，悦玩无厌，使胡儿、阉官之辈齐唱和之。"北周亦然。太祖辅魏之时，得高昌伎，教习以备飨宴之礼。及武帝天和六年，罗掖庭四夷乐，其后帝娉皇后于北狄，得其所获康国、龟兹等乐，更杂以高昌之旧，并于大司乐习焉。故齐、周二代并用胡乐。至隋初，而太常雅乐，并用胡声；而龟兹之八十四调，遂由苏祇婆郑译而显。当时九部伎，除清乐、文康为江南旧乐外，余七部皆胡乐也。有唐仍之，其大曲、法曲，大抵胡乐，而龟兹之八十四调，其中二十八调尤为盛行。宋教坊之十八调，亦唐二十八调之遗物；北曲之十二宫调与南曲之十三宫调，又宋教坊十八调之遗物也。故南北曲之声，皆来自外国。而曲亦有自外国来者，其出于大曲、法曲等，自唐以前入中国者且勿论，即以宋以后言之，则徽宗时蕃曲复盛行于世。吴曾《能改斋漫录》（卷一）云，徽宗"政和初有旨，立赏钱五百千，若用鼓板改作北曲子，并著北服之类，并禁止，支赏。其后民间不废鼓板之戏，第改名太平鼓"云云。至"绍兴年间，有张五牛大夫听动鼓板，中有【太平令】，因撰为赚"（见上）。则北曲中之【太平令】与南曲中之【太平歌】皆北曲子。又第四章所载南宋赚词，其结构似北曲而曲名似南曲者，亦当自蕃曲出。而南北曲之赚，又自赚词出也。至宣和末，京师街巷鄙人多歌蕃曲，名曰【异国朝】【四国朝】【六国朝】【蛮牌序】【蓬蓬花】等，其言至俚，一时士大夫皆能歌之（见上）。今南北曲中尚有【四国朝】【六国朝】【蛮牌儿】，此亦蕃曲，而于宣和时已入中原矣。至金人入主中国，而女真乐亦随之而入。《中原音韵》谓："女真【风流体】等乐章，皆以女真人音声歌之。虽字有舛讹，不伤于音律者，不为害也。"则北曲双调中之【风流体】等，实女真曲也。此外，如北曲黄钟宫之【者剌古】，双调之【阿纳忽】【古都白】【唐兀歹】【阿忽令】，越调之【拙鲁速】，商调之【浪来里】，皆非中原之语，亦当为女真或蒙古之曲也。

以上就乐曲之方面论之。至于戏剧，则除《拨头》一戏自西域入中国外，别无所闻。辽、金之杂剧院本，与唐、宋之杂剧结构全同。吾辈宁谓辽、金之剧皆自宋往，而宋之杂剧不自辽、金来，较可信也。至元剧之结构，诚为创见；然创之者实为汉人。而亦大用古剧之材料与古曲之形式，不能谓之自外国输入也。

至我国戏曲之译为外国文字也，为时颇早。如《赵氏孤儿》，则法人特赫尔特（Du Halde）实译于千七百六十二年，至一千八百三十四年，而裘利安（Julian）又重译之。又英人大维斯（Davis）之译《老生儿》在千八百十七年，其译《汉宫秋》在千八百二十九年。又，裘利安所译，尚有《灰阑记》《连环计》《看钱奴》，均在千八百三四十年间。而拔残（Bazin）氏所译尤多，如《金钱记》《鸳鸯被》《赚蒯通》《合汗衫》《来生债》《薛仁贵》《铁拐李》《秋胡戏妻》《倩女离魂》《黄粱梦》《昊天塔》《忍字记》《窦娥冤》《货郎旦》，皆其所译也。此种译书，皆据《元曲选》；而《元曲选》百种中，译成外国文者已达三十种矣。

（原载《东方杂志》1913年）

唐写本残小说跋

　　右唐人小说断片，亦狩野博士所录英伦博物馆本。记太宗入冥事，又记判官姓名为崔子玉。狩野博士曾于《艺文》杂志中考此断片，引《太平广记》（一百四十六）所引《朝野佥载》纪太宗入冥事，谓唐初已有此传说，然《佥载》不著冥判姓名。近代郑爢作《崔府君祠录》引《府君神异录》正与《佥载》同，惟以冥判为崔府君。考费衮《梁溪漫志》，载宋仁宗景祐二年加崔真君封号，诏曰："惠存滏邑，恩结蒲人，生著令猷，没司幽府。"已以崔真君为司幽府之神，而楼钥《显应观碑记》言"宣和三年磁守韩景作记"，言"唐太宗尝梦得之，诏入觐，刺蒲州，河北采访使。"则径以太宗所见冥判为即真君。今观此残卷，知唐人已有此说矣。太宗入冥与崔判官事，传世《西游记演义》亦载之，其语诞妄不足诘。《朝野佥载》则谓冥中问六月四日事，案太宗诛建成、元吉事，在武德九年六月四日，张鷟不言建成、元吉事者，唐人记先皇事，特微其词耳。《佥载》及《府君神异录》二事，兹比录之，以备参考，可知后世传说，其所由来远矣。

唐太宗极康豫，太史令李淳风见上，流泪无言。上问之，对曰："陛下夕当晏驾。"太宗曰："人生有命，亦何忧也。"留淳风宿。太宗至夜半上奄然入定，见一人云："陛下暂合来，还即去也。"帝问："君是何人？"对曰："臣是生人判冥事。"太宗入见判官，问六月四日事，即令还，向见者又迎送引导出。淳风即观玄象，不许哭泣，须臾乃寤。至曙，求昨所见者，令所司与一官，遂注蜀道一丞。

（《朝野佥载》）

《神异录·滏阳八事》之一曰：一日，府君忽奉东丘圣帝旨，敕断隐、巢等狱。府君令二青衣引太宗至，时魏徵已卒，迎太宗，属曰："隐、巢等冤诉，不可与辨。帝功大，但称述，神必祐也。"帝领之。及对质，帝惟以功上陈，不与辨。府君判曰："帝治世安民之功甚伟，隐、巢等淫乱，帝诛除之，亦正家之义也。即不名正其罪恶，为擅诛促寿而已。今且君临天下，为苍生主也。"敕二青衣送帝回，隐、巢等惶恐去。帝行复与府君别，府君曰："毋泄也。"后帝令传府君像，与判狱神无异，益信府君之德通于神明矣。

（《崔府君祠录》）

《中国名画集》序

绘画之事，由来古矣。六书之字，作始于象形；五服之章，辉煌于作会。楚壁神灵，发累臣之问；宋舍众史，受元君之图。汉代黄门，亦有画者，殷纣踞妲己之图，周公负成王之象，遂乃悬诸别殿，颁之重臣。魏晋以还，盛图故事；齐梁以降，兼写佛象。爰自开天之际，实分南北之宗。王中允之清华，李将军之刻画，人物告退，而山水方滋。下至韩马、戴牛、张松、薛鹤，一物之工，兹焉托始。荆、关崛起，董、巨代兴。天水一朝，士夫工于画苑；有元四杰，气韵溢乎典型。胜国兴朝，代有作者，莫不家抱钟山之璧，人握赤水之珠，变化拟于鬼神，矩矱通于造化。陈之列肆，非徒照乘之光；闷之巾箱，恒有冲天之气。今夫成而必亏者，时也；往而不复者，器也。江陵末造，见玉轴之扬灰；宣和旧藏，与降旛而北去。文武之道既尽，昆明之劫方多。即或脱坠简于秦余，逸焦桐于爨下。然且天吴紫凤，坼为牧竖之衣；长康探微，辱于酒家之壁。同粪玉石，终委泥涂。又或幸遘收藏，并遭著录，而兰亭茧纸，永閟昭陵；争坐遗文，竟分安氏。中郎帐中之帙，仅与王朗同观；博士壁中之书，不许晁生转写。此则叔疑之登龙断，众议其私，阳虎之窃大弓，当书为盗者矣。

平等阁主人英英如云，醰醰好古。慨横流之汹洞，惧名迹之榛芜。是用尽发旧藏，并征百氏。琳琅辐凑，吴越好事之家；摹写精能，欧美发明之术。八万四千之宝塔，成于崇朝；什一千百之菁英，珍兹片羽。冀以永留名墨，广被人间。

懿此一举有三美焉。夫学须才也，才须学。是以右相丹青，坐卧僧繇之侧，率更翰墨，徘徊索靖之傍。近世画师，罕窥真迹，见华亭而求北苑，执娄水以觅大痴，既摹仿之不知，于创作乎何有。今则摹从手迹，集自名家，裨我后生，殆之高矩，其美一也。且夫张而必弛者，文武之道；劳而求息者，含生之情。然走狗斗鸡，颇乖大雅；弹棋博簺，易入机心。若夫象在而遗其形，心生而无所住，则岂有对曹霸、韩幹而计驰骋之乐，见毕宏、韦偃之松而思栋梁之用。会心之处不远，鄙吝之情聿销，诚遣日之良方，亦息肩之胜地，其美二也。三代损益；文质殊尚，五方悬隔，嗜好不同。或以优美、宏壮为宗，或以古雅、简易为尚。我国绘事自为一宗，绘影绘声则有所短，一邱一壑则有所长。凡厥反唇，胥由韫椟；今则假以印刷，广彼流传。贾舶东来，慧光西被，不使蜻蜓岛国独辉日出之光，罗马故国专称美日之国，其美三也。

小有搜罗，粗谙鉴别，睹兹盛举，颇发幽情，索我弁言，贻君小引。冀夫笔精墨妙，随江汉而长流；玉躞金题，与昆仑而永固。八月。

（1908年作）

《待时轩仿古钤印谱》序

一艺之微，风俗之盛衰见焉。今之攻艺术者，其心偷，其力弱，其气虚侨而不定。其为人也多，而其自为也少，厌常而好奇，师心而不说学。是故于绘画未窥王、恽之藩，而辄效清湘、八大放逸之笔；于书则耻言赵、董，乃舍欧、虞、褚、薛，而学北朝碑工鄙别之体；于刻印则鄙薄文、何，乃不宗秦、汉，而摹魏晋以后镌凿之迹。其中本枵然无有，而苟且、鄙倍、骄吝之意乃充塞于刀笔间，其去艺术远矣。余与上虞罗雪堂参事深有慨乎此。参事有季子曰子期，笃嗜篆刻。其家所蓄，有秦、汉古钤印千百钮及近世所出古钤印谱录数十种。子期年幼而志锐，浑浑焉，浩浩焉，日摩挲耽玩于其中。其于世之所谓高名厚利未尝知也，世人虚侨鄙倍之作未尝见也。其泽于古也至深，而于今也若遗。故其所作，于古人准绳规矩无毫发遗憾，乃至并其精神意味之不可传者而传之。其伎如庖丁之解牛、痀偻丈人之承蜩，纵指之所至，无不中者。其全于天者欤？其诸不为风俗所转而能转移风俗者欤？风俗之转移，艺术之幸，抑非徒艺术之幸也。适子期以其所仿古钤印谱见示，因书以序之。癸亥秋日。

（1923年作，原载《观堂集林》）

此君轩记

竹之为物，草木中之有特操者与？群居而不倚，虚中而多节，可折而不可曲，凌寒暑而不渝其色。至于烟晨雨夕，枝梢空而叶成滴，含风弄月，形态百变。自渭川淇澳千亩之园，以至小庭幽榭三竿两竿，皆使人观之，其胸廓然而高，渊然而深，泠然而清。挹之而无穷，玩之而不可亵也。其超世之致与不可屈之节，与君子为近，是以君子取焉。古之君子，其为道也盖不同；而其所以同者，则在超世之致与不可屈之节而已。其观物也，见夫类是者而乐焉；其创物也，达夫如是者而后慊焉。如屈子之于香草，渊明之于菊，王子猷之于竹，玩赏之不足而咏叹之，咏叹之不足而斯物遂若为斯人之所专有，是岂徒有托而然哉？其于此数者，必有以相契于意言之表也。善画竹者亦然，彼独有见于其原而直以其胸中潇洒之致，劲直之气一寄之于画。其所写者即其所观，其所观者即其所蓄者也。物我无间，而道艺为一，与天冥合而不知其所以然。故古之工画竹者，亦高致直节之士为多，如宋之文与可、苏子瞻，元之吴仲圭是已。观爱竹者之胸，可以知画竹者之胸；知画竹者之胸，则爱画竹者之胸亦可知也已。

日本川口国次郎君冲澹有识度，善绘事，尤爱墨竹，尝集元吴仲圭，明夏仲昭、文徵仲诸家画竹，为室以奉之，名之曰"此君轩"。其嗜之也至笃，而搜之也至专，非其志节意度符于古君子，亦安能有契于是哉？吾闻川口君之居在备后之国，三原之城，山海环抱，松竹之所丛生。君优游其间，远眺林木，近观图画，必有有味于余之言者。既属余为轩记，因书以质之，惜不获从君于其间，而日与仲圭、徵仲诸贤游，且与此君游也。壬子九月。

（1912年作，原载《观堂集林》）

沈乙庵先生绝笔楹联跋（壬戌）

东轩先生弥天四海之量，拨乱反正之志，四通六辟之识，深极研几之学，迈往不屑之韵，沈博绝丽之文，虽千载后犹奕奕有生气，矧在形神未离之顷耶？此书作于易箦前数小时，而气象笔力如是，先生之视躯体，直是传合耳！陟降以往，无乎不在，箕尾星耶？兜率天耶？对此遗迹，谁谓先生不在人间也！世有唱《神灭论》者，请以此难之。

（1922年作，收入《观堂别集》）

梁虞思美造象跋

阮文达公作《南北书派论》，世人推为创见。然世所传北人书皆碑碣，南人书多简尺，北人简尺世无一字传者。然敦煌所出《萧凉草书札》与羲献规摹亦不甚远，南朝碑板则如《始兴忠武王碑》之雄劲，《瘗鹤铭》之浩逸，与北碑自是一家眷属也。此造象若不著年号、地名，又谁能知为梁朝物耶？不知文达见此，又将何说也？

（原载《观堂别集》）

甘陵相碑跋

此碑额署甘陵相，其人必在桓帝建和元年，改清河国为甘陵之后，而立碑又在其后，当在后汉末矣。隶法健拔恣肆，已开北碑风气，不似黄初诸碑，尚有东京承平气象也。

前人研精书法，精诚之至，乃与古人不谋而合。如完白山人篆书，一生学汉碑额，所得乃与新出之汉太仆残碑同。吴让之、赵悲庵以北朝楷法入隶，所得乃与此碑同。邓、吴、赵均未见此二碑，而千载吻合如此，所谓鬼神通之者，非耶？癸亥九月叔平先生以此属为考证。碑中姓氏不具，又鲜事实久之，无以报命，因就其书法，略记数语。甲子花朝后一日。

（1924年作，原载《观堂别集》）

有我之境，以我观物，

　　故物皆着我之色彩。

无我之境，以物观物，

　　故不知何者为我，何者为物。

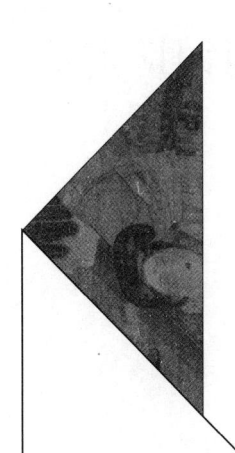

第四编

蓦然回首，
灯火阑珊

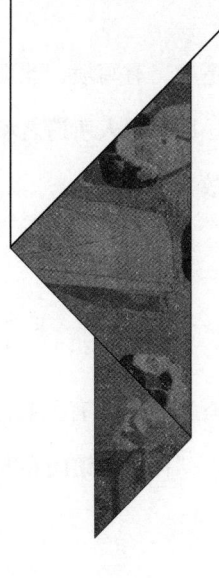

人间词话定稿

一

词以境界为最上。有境界则自成高格，自有名句。五代北宋之词所以独绝者在此。

二

有造境，有写境，此理想与写实二派之所由分。然二者颇难分别。因大诗人所造之境，必合乎自然，所写之境，亦必邻于理想故也。

三

有有我之境，有无我之境。"泪眼问花花不语，乱红飞过秋千去。""可堪孤馆闭春寒，杜鹃声里斜阳暮。"有我之境也。

"采菊东篱下，悠然见南山。""寒波澹澹起，白鸟悠悠下。"无我之境也。有我之境，以我观物，故物皆著我之色彩。无我之境，以物观物，故不知何者为我，何者为物。古人为词，写有我之境者为多，然未始不能写无我之境，此在豪杰之士能自树立耳。

四

无我之境，人惟于静中得之。有我之境，于由动之静时得之。故一优美，一宏壮也。

五

自然中之物，互相关系，互相限制。然其写之于文学及美术中也，必遗其关系，限制之处。故虽写实家，亦理想家也。又虽如何虚构之境，其材料必求之于自然，而其构造，亦必从自然之法则。故虽理想家，亦写实家也。

六

境非独谓景物也。喜怒哀乐，亦人心中之一境界。故能写真景物，真感情者，谓之有境界。否则谓之无境界。

七

"红杏枝头春意闹",著一"闹"字,而境界全出。"云破月来花弄影",著一"弄"字,而境界全出矣。

八

境界有大小,不以是而分优劣。"细雨鱼儿出,微风燕子斜"何遽不若"落日照大旗,马鸣风萧萧"。"宝帘闲挂小银钩"何遽不若"雾失楼台,月迷津渡"也。

九

严沧浪《诗话》谓:"盛唐诸公,唯在兴趣。羚羊挂角,无迹可求。故其妙处,透彻玲珑,不可凑泊。如空中之音、相中之色、水中之月、镜中之象,言有尽而意无穷。"余谓:北宋以前之词,亦复如是。然沧浪所谓兴趣,阮亭所谓神韵,犹不过道其面目,不若鄙人拈出"境界"二字,为探其本也。

一〇

太白纯以气象胜。"西风残照,汉家陵阙。"寥寥八字,遂关千古登临之口。后世唯范文正之《渔家傲》,夏英公之《喜迁莺》，差足继武，然气象已不逮矣。

一一

张皋文谓："飞卿之词，深美闳约。"余谓：此四字唯冯正中足以当之。刘融斋谓："飞卿精妙绝人。"差近之耳。

一二

"画屏金鹧鸪"，飞卿语也，其词品似之。"弦上黄莺语"，端己语也，其词品亦似之。正中词品，若欲于其词句中求之，则"和泪试严妆"，殆近之欤？

一三

南唐中主词："菡萏香销翠叶残，西风愁起绿波间。"大有众芳芜秽、美人迟暮之感。乃古今独赏其"细雨梦回鸡塞远，小楼吹彻玉笙寒"，故知解人正不易得。

一四

温飞卿之词，句秀也。韦端己之词，骨秀也。李重光之词，神秀也。

一五

词至李后主而眼界始大,感慨遂深,遂变伶工之词而为士大夫之词。周介存置诸温、韦之下,可谓颠倒黑白矣。"自是人生长恨水长东""流水落花春去也,天上人间",《金荃》《浣花》,能有此气象耶?

一六

词人者,不失其赤子之心者也。故生于深宫之中,长于妇人之手,是后主为人君所短处,亦即为词人所长处。

一七

客观之诗人,不可不多阅世。阅世愈深,则材料愈丰富,愈变化,《水浒传》《红楼梦》之作者是也。主观之诗人,不必多阅世。阅世愈浅,则性情愈真,李后主是也。

一八

尼采谓:"一切文学,余爱以血书者。"后主之词,真所谓以血书者也。宋道君皇帝《燕山亭》词亦略似之。然道君不过自道身世之戚，后主则俨有释迦、基督担荷人类罪恶之意，其大小固不同矣。

一九

冯正中词虽不失五代风格，而堂庑特大，开北宋一代风气。与中后二主词皆在《花间》范围之外，宜《花间集》中不登其只字也。

二〇

正中词除《鹊踏枝》《菩萨蛮》十数阕最煊赫外，如《醉花间》之"高树鹊衔巢，斜月明寒草"，余谓韦苏州之"流萤渡高阁"、孟襄阳之"疏雨滴梧桐"不能过也。

二一

欧九《浣溪沙》词："绿杨楼外出秋千。"晁补之谓：只一"出"字，便后人所不能道。余谓：此本于正中《上行杯》词"柳外秋千出画墙"，但欧语尤工耳。

二二

梅圣俞《苏幕遮》词："落尽梨花春又了。满地残阳,翠色和烟老。"刘融斋谓：少游一生似专学此种。余谓：冯正中《玉楼春》词："芳菲次第长相续,自是情多无处足。尊前百计得春归,莫为伤春眉黛促。"永叔一生似专学此种。

二三

人知和靖《点绛唇》、圣俞《苏幕遮》、永叔《少年游》三阕为咏春草绝调。不知先有正中"细雨湿流光"五字,皆能摄春草之魂者也。

二四

《诗·蒹葭》一篇,最得风人深致。晏同叔之"昨夜西风凋碧树。独上高楼,望尽天涯路"意颇近之。但一洒落,一悲壮耳。

二五

"我瞻四方,蹙蹙靡所骋。"诗人之忧生也。"昨夜西风凋碧树。独上高楼,望尽天涯路"似之。"终日驰车走,不见所问津。"诗人之忧世也。"百草千花寒食路,香车系在谁家树"似之。

二六

古今之成大事业、大学问者,必经过三种之境界:"昨夜西风凋碧树。独上高楼,望尽天涯路。"此第一境也。"衣带渐宽终不悔,为伊消得人憔悴。"此第二境也。"众里寻他千百度,蓦然回首,那人却在,灯火阑珊处。"此第三境也。此等语皆非大词人不能道。然遽以此意解释诸词,恐为晏、欧诸公所不许也。

二七

永叔"人生自是有情痴,此恨不关风与月""直须看尽洛城花,始共春风容易别",于豪放之中有沈著之致,所以尤高。

二八

冯梦华《宋六十一家词选序例》谓:"淮海、小山,古之伤心人也。其淡语皆有味,浅语皆有致。"余谓此唯淮海足以当之。小山矜贵有余,但方可驾子野、方回,未足抗衡淮海也。

二九

少游词境最为凄婉。至"可堪孤馆闭春寒，杜鹃声里斜阳暮"，则变而凄厉矣。东坡赏其后二语，犹为皮相。

三〇

"风雨如晦，鸡鸣不已""山峻高以蔽日兮，下幽晦以多雨。霰雪纷其无垠兮，云霏霏而承宇""树树皆秋色，山山唯落晖""可堪孤馆闭春寒，杜鹃声里斜阳暮"，气象皆相似。

三一

昭明太子称：陶渊明诗"跌宕昭彰，独超众类。抑扬爽朗，莫之于京"。王无功称：薛收赋"韵趣高奇，词义晦远，嵯峨萧瑟，真不可言"。词中惜少此二种气象，前者唯东坡，后者唯白石，略得一二耳。

三二

词之雅郑，在神不在貌。永叔、少游虽作艳语，终有品格。方之美成，便有淑女与倡伎之别。

三三

美成深远之致不及欧、秦。唯言情体物，穷极工巧，故不失为第一流之作者。但恨创调之才多，创意之才少耳。

三四

词忌用替代字。美成《解语花》之"桂华流瓦"，境界极妙。惜以"桂华"二字代"月"耳。梦窗以下，则用代字更多。其所以然者，非意不足，则语不妙也。盖意足则不暇代，语妙则不必代。此少游之"小楼连苑""绣毂雕鞍"，所以为东坡所讥也。

三五

沈伯时《乐府指迷》云："说桃不可直说破桃，须用'红雨''刘郎'等字。咏柳不可直说破'柳'，须用'章台''灞岸'等字。"若惟恐人不用代字者。果以是为工，则古今类书具在，又安用词为耶？宜其为《提要》所讥也。

三六

美成《苏幕遮》词："叶上初阳干宿雨。水面清圆，一一风荷举。"此真能得荷之神理者。觉白石《念奴娇》《惜红衣》二词，犹有隔雾看花之恨。

三七

东坡《水龙吟》咏杨花，和均而似元唱。章质夫词，元唱而似和均。才之不可强也如是！

三八

咏物之词，自以东坡《水龙吟》最工，邦卿《双双燕》次之。白石《暗香》《疏影》，格调虽高，然无一语道着，视古人"江边一树垂垂发"等句何如耶？

三九

白石写景之作，如"二十四桥仍在，波心荡、冷月无声""数峰清苦，商略黄昏雨""高树晚蝉，说西风消息"，虽格韵高绝，然如雾里看花，终隔一层。梅溪、梦窗诸家写景之病，皆在一"隔"字。北宋风流，渡江遂绝。抑真有运会存乎其间耶？

四〇

问"隔"与"不隔"之别,曰:陶、谢之诗不隔,延年则稍隔矣。东坡之诗不隔,山谷则稍隔矣。"池塘生春草""空梁落燕泥"等二句,妙处唯在不隔。词亦如是。即以一人一词论,如欧阳公《少年游》咏春草上半阕云:"阑干十二独凭春,晴碧远连云。千里万里,二月三月,行色苦愁人。"语语都在目前,便是不隔。至云"谢家池上,江淹浦畔",则隔矣。白石《翠楼吟》:"此地。宜有词仙,拥素云黄鹤,与君游戏。玉梯凝望久,叹芳草、萋萋千里。"便是不隔。至"酒祓清愁,花消英气",则隔矣。然南宋词虽不隔处,比之前人,自有浅深厚薄之别。

四一

"生年不满百,常怀千岁忧。昼短苦夜长,何不秉烛游?""服食求神仙,多为药所误。不如饮美酒,被服纨与素。"写情如此,方为不隔。"采菊东篱下,悠然见南山。山气日夕佳,飞鸟相与还。""天似穹庐,笼盖四野。天苍苍,野茫茫,风吹草低见牛羊。"写景如此,方为不隔。

四二

古今词人格调之高，无如白石。惜不于意境上用力，故觉无言外之味，弦外之响。终不能与于第一流之作者也。

四三

南宋词人，白石有格而无情，剑南有气而乏韵。其堪与北宋人颉颃者，唯一幼安耳。近人祖南宋而祧北宋，以南宋之词可学，北宋不可学也。学南宋者，不祖白石，则祖梦窗，以白石、梦窗可学，幼安不可学也。学幼安者率祖其粗犷、滑稽，以其粗犷、滑稽处可学，佳处不可学也。幼安之佳处，在有性情，有境界。即以气象论，亦有"横素波、干青云"之概，宁后世龌龊小生所可拟耶？

四四

东坡之词旷，稼轩之词豪。无二人之胸襟而学其词，犹东施之效捧心也。

四五

读东坡、稼轩词，须观其雅量高致，有伯夷、柳下惠之风。白石虽似蝉脱尘埃,然终不免局促辕下。

四六

苏、辛,词中之狂。白石犹不失为狷。若梦窗、梅溪、玉田、草窗、西麓辈,面目不同,同归于乡愿而已。

四七

稼轩中秋饮酒达旦,用《天问》体作《木兰花慢》以送月,曰:"可怜今夕月,向何处,去悠悠?是别有人间,那边才见,光景东头。"词人想象,直悟月轮绕地之理,与科学家密合,可谓神悟。

四八

周介存谓:"梅溪词中,喜用'偷'字,足以定其品格。"刘融斋谓:"周旨荡而史意贪。"此二语令人解颐。

四九

介存谓:梦窗词之佳者,如"水光云影,摇荡绿波,抚玩无极，追寻已远"。余览梦窗《甲乙丙丁稿》中，实无足当此者。有之，其"隔江人在雨声中，晚风菰叶生秋怨"二语乎？

五〇

梦窗之词，吾得取其词中一语以评之，曰："映梦窗零乱碧。"玉田之词，余得取其词中之一语以评之，曰："玉老田荒。"

五一

"明月照积雪""大江流日夜""中天悬明月""长河落日圆"，此种境界，可谓千古壮观。求之于词，唯纳兰容若塞上之作，如《长相思》之"夜深千帐灯"，《如梦令》之"万帐穹庐人醉，星影摇摇欲坠"差近之。

五二

纳兰容若以自然之眼观物，以自然之舌言情。此由初入中原，未染汉人风气，故能真切如此。北宋以来，一人而已。

五三

陆放翁跋《花间集》，谓"唐季五代，诗愈卑，而倚声者辄简古可爱。能此不能彼，未易以理推也。"《提要》驳之，谓："犹能举七十斤者，举百斤则蹶，举五十斤则运掉自如。"其言甚辨。然谓词必易于诗，余未敢信。善乎陈卧子之言曰："宋人不知诗而强作诗，故终宋之世无诗。然其欢愉愁怨之致，动于中而不能抑者，类发于诗余，故其所造独工。"五代词之所以独胜，亦以此也。

五四

四言敝而有楚辞，楚辞敝而有五言，五言敝而有七言，古诗敝而有律绝，律绝敝而有词。盖文体通行既久，染指遂多，自成习套。豪杰之士，亦难于其中自出新意，故遁而作他体，以自解脱。一切文体所以始盛终衰者，皆由于此。故谓文学后不如前，余未敢信。但就一体论，则此说固无以易也。

五五

诗之《三百篇》《十九首》，词之五代北宋，皆无题也。非无题也，诗词中之意，不能以题尽之也。自《花庵》《草堂》

每调立题，并古人无题之词亦为之作题。如观一幅佳山水，而即曰此某山某河，可乎？诗有题而诗亡，词有题而词亡，然中材之士，鲜能知此而自振拔者矣。

五六

大家之作，其言情也必沁人心脾，其写景也必豁人耳目。其辞脱口而出，无矫揉妆束之态。以其所见者真，所知者深也。诗词皆然。持此以衡古今之作者，可无大误也。

五七

人能于诗词中不为美刺投赠之篇，不使隶事之句，不用粉饰之字，则于此道已过半矣。

五八

以《长恨歌》之壮采，而所隶之事，只"小玉双成"四字，才有余也。梅村歌行，则非隶事不办。白、吴优劣，即于此见。不独作诗为然，填词家亦不可不知也。

五九

近体诗体制,以五七言绝句为最尊,律诗次之,排律最下。盖此体于寄兴言情,两无所当,殆有均之骈体文耳。词中小令如绝句,长调似律诗,若长调之《百字令》《沁园春》等,则近于排律矣。

六〇

诗人对宇宙人生,须入乎其内,又须出乎其外。入乎其内,故能写之。出乎其外,故能观之。入乎其内,故有生气。出乎其外,故有高致。美成能入而不出。白石以降,于此二事皆未梦见。

六一

诗人必有轻视外物之意,故能以奴仆命风月。又必有重视外物之意,故能与花鸟共忧乐。

六二

"昔为倡家女,今为荡子妇。荡子行不归,空床难独守。""何不策高足，先据要路津？无为守穷贱，辘轳长苦辛。"可为淫鄙之尤。然无视为淫词、鄙词者，以其真也。五代北宋之大词人亦然。非无淫词，读之者但觉其亲切动人。非无鄙词，但觉其精力弥满。可知淫词与鄙词之病，非淫与鄙之病，而游词之病也。"岂不尔思，室是远而。"而子曰："未之思也，夫何远之有？"恶其游也。

六三

"枯藤老树昏鸦，小桥流水人家，古道西风瘦马，夕阳西下，断肠人在天涯。"此元人马东篱《天净沙》小令也。寥寥数语，深得唐人绝句妙境。有元一代词家，皆不能办此也。

六四

白仁甫《秋夜梧桐雨》剧，沈雄悲壮，为元曲冠冕。然所作《天籁词》，粗浅之甚，不足为稼轩奴隶。岂创者易工，而因者难巧欤？抑人各有能与不能也？读者观欧、秦之诗远不如词，足透此中消息。

（原载《国粹学报》1908—1909年）

人间词话删稿

一

白石之词,余所最爱者,亦仅二语,曰:"淮南皓月冷千山,冥冥归去无人管。"

二

双声、叠韵之论,盛于六朝,唐人犹多用之。至宋以后,则渐不讲,并不知二者为何物。乾嘉间,吾乡周松霭先生(春)著《杜诗双声叠韵谱括略》,正千余年之误,可谓有功文苑者矣。其言曰:"两字同母谓之双声,两字同韵谓之叠韵。"余按用今日各国文法通用之语表之,则两字同一子音者谓之双声。如《南史·羊元保传》之"官家恨狭,更广八分","官家更广"四字,皆从k得声。《洛阳伽蓝记》之"狞奴慢骂","狞奴"二字,皆从n得声。"慢骂"二字,皆从m得声也。两字同一母音者，谓之叠韵。如梁武帝"后牖有朽柳"，"后牖有"三字，双声而兼叠韵。"有朽柳"三字，其母音皆为u。刘孝绰之"梁皇长康强"，"梁、长、强"三字，其母音皆为ian也。自李淑《诗苑》伪造沈约之说，以双声叠韵为诗中八病之二，后世诗家多废而不讲，亦不复用之于词。余谓苟于词之荡漾处多用叠韵，促节处用双声，则其铿锵可诵，必有过于前人者。惜世之专讲音律者，尚未悟此也！

三

昔人但知双声之不拘四声，不知叠韵亦不拘平、上、去三声。凡字之同母者，虽平仄有殊，皆叠韵也。

四

诗至唐中叶以后，殆为羔雁之具矣。故五代、北宋之诗，佳者绝少，而词则为其极盛时代。即诗词兼擅如永叔、少游者，词胜于诗远甚。以其写之于诗者，不若写之于词者之真也。至南宋以后，词亦为羔雁之具，而词亦替矣。此亦文学升降之一关键也。

五

曾纯甫中秋应制，作《壶中天慢》词，自注云："是夜，西兴亦闻天乐。"谓宫中乐声，闻于隔岸也。毛子晋谓："天神亦不以人废言。"近冯梦华复辨其诬。不解"天乐"二字文义，殊笑人也。

六

北宋名家以方回为最次。其词如历下、新城之诗，非不华赡，惜少真味。

七

散文易学而难工，骈文难学而易工。近体诗易学而难工，古体诗难学而易工。小令易学而难工，长调难学而易工。

八

古诗云："谁能思不歌？谁能饥不食？"诗词者，物之不得其平而鸣者也。故欢愉之辞难工，愁苦之言易巧。

九

社会上之习惯，杀许多之善人。文学上之习惯，杀许多之天才。

一〇

昔人论诗词，有景语、情语之别。不知一切景语，皆情语也。

一一

词家多以景寓情。其专作情语而绝妙者，如牛峤之"甘作一生拼，尽君今日欢"，顾夐之"换我心为你心，始知相忆深"，欧阳修之"衣带渐宽终不悔，为伊消得人憔悴"，美成之"许多烦恼，只为当时，一饷留情"。此等词求之古今人词中，曾不多见。

一二

词之为体，要眇宜修。能言诗之所不能言，而不能尽言诗之所能言。诗之境阔，词之言长。

一三

言气质，言神韵，不如言境界。有境界，本也。气质、神韵，末也。有境界而二者随之矣。

一四

"西风吹渭水，落日满长安。"美成以之入词，白仁甫以之入曲，此借古人之境界为我之境界者也。然非自有境界，古人亦不为我用。

一五

长调自以周、柳、苏、辛为最工。美成《浪淘沙慢》二词，精壮顿挫，已开北曲之先声。若屯田之《八声甘州》，东坡之《水调歌头》，则伫兴之作，格高千古，不能以常调论也。

一六

稼轩《贺新郎》词"送茂嘉十二弟"，章法绝妙。且语语有境界，此能品而几于神者。然非有意为之，故后人不能学也。

一七

　　稼轩《贺新郎》词："柳暗凌波路。送春归猛风暴雨，一番新绿。"又《定风波》词："从此酒酣明月夜。耳热。""绿""热"二字，皆作上去用。与韩玉《东浦词》《贺新郎》以"玉""曲"叶"注""女"，《卜算子》以"夜""谢"叶"食""月"，已开北曲四声通押之祖。

一八

　　谭复堂《箧中词选》谓："蒋鹿潭《水云楼词》与成容若、项莲生，二百年间，分鼎三足。"然《水云楼词》小令颇有境界，长调惟存气格。《忆云词》精实有余，超逸不足，皆不足与容若比。然视皋文、止庵辈，则倜乎远矣。

一九

　　词家时代之说，盛于国初。竹垞谓：词至北宋而大，至南宋而深。后此词人，群奉其说。然其中亦非无具眼者。周保绪曰："南宋下不犯北宋拙率之病，高不到北宋浑涵之诣。"又曰："北宋词多就景叙情，故珠圆玉润，四照玲珑。至稼轩、白石，一变而为即事叙景，使深者反浅，曲者反直。"潘四农德舆曰："词滥觞于唐，畅于五代，而意格之闳深曲挚，则莫盛于北宋。词之有北宋，犹诗之有盛唐。至南宋则稍衰矣。"刘融斋熙载曰："北宋词用密亦疏、用隐亦亮、用沈亦快、用细亦阔、用精亦浑。南宋只是掉转过来。"可知此事自有公论。虽止盦词颇浅薄，潘、刘尤甚。然其推尊北宋，则与明季、云间诸公，同一卓识也。

二〇

唐五代北宋词，可谓生香真色。若云间诸公，则采花耳。湘真且然，况其次也者乎？

二一

《衍波词》之佳者，颇似贺方回。虽不及容若，要在锡鬯、其年之上。

二二

近人词如《复堂词》之深婉，《彊村词》之隐秀，皆在半塘老人上。 彊村学梦窗而情味较梦窗反胜。盖有临川、庐陵之高华，而济以白石之疏越者。学人之词，斯为极则。然古人自然神妙处，尚未见及。

二三

宋直方（原作"尚木"，误。案徵舆字直方，尚木乃徵璧字，因据改）《蝶恋花》："新样罗衣浑弃却，犹寻旧日春衫著。"谭复堂《蝶恋花》："连理枝头侬与汝，千花百草从渠许。"可谓寄兴深微。

二四

《半塘丁稿》中和冯正中《鹊踏枝》十阕，乃《鹙翁词》之最精者。"望远愁多休纵目"等阕，郁伊惝悦，令人不能为怀。《定稿》只存六阕，殊为未允也。

二五

固哉，皋文之为词也！飞卿《菩萨蛮》、永叔《蝶恋花》、子瞻《卜算子》，皆兴到之作，有何命意？皆被皋文深文罗织。阮亭《花草蒙拾》谓："坡公命宫磨蝎，生前为王珪、舒亶辈所苦，身后又硬受此差排。"由今观之，受差排者，独一坡公已耶？

二六

贺黄公谓:"姜论史词,不称其'软语商量',而赏其'柳昏花暝',固知不免项羽学兵法之恨。"然"柳昏花暝"自是欧、秦辈句法,前后有画工化工之殊。吾从白石,不能附和黄公矣。

二七

"池塘春草谢家春,万古千秋五字新。传语闭门陈正字,可怜无补费精神。"此遗山《论诗绝句》也。梦窗、玉田辈,当不乐闻此语。

二八

朱子《清邃阁论诗》谓:"古人诗中有句,今人诗更无句,只是一直说将去。这般诗一日作百首也得。"余谓北宋之词有句,南宋以后便无句。如玉田、草窗之词,所谓"一日作百首也得"者也。

二九

朱子谓:"梅圣俞诗,不是平淡,乃是枯槁。"余谓草窗、玉田之词亦然。

三〇

"自怜诗酒瘦,难应接,许多春色。""能几番游?看花又是明年。"此等语亦算警句耶?乃值如许笔力!

三一

文文山词,风骨甚高,亦有境界,远在圣与、叔夏、公谨诸公之上。亦如明初诚意伯词,非季迪、孟载诸人所敢望也。

三二

和凝《长命女》词:"天欲晓。宫漏穿花声缭绕,窗里星光少。冷霞寒侵帐额,残月光沈树杪。梦断锦闱空悄悄。强起愁眉小。"此词前半,不减夏英公《喜迁莺》也。

三三

宋李希声《诗话》曰:"唐人作诗,正以风调高古为主。虽意远语疏,皆为佳作。后人有切近的当、气格凡下者,终使人可憎。"余谓北宋词亦不妨疏远。若梅溪以降，正所谓切近的当、气格凡下者也。

三四

自竹垞痛贬《草堂诗余》而推《绝妙好词》，后人群附和之。不知《草堂》虽有亵诨之作，然佳词恒得十之六七。《绝妙好词》则除张、范、辛、刘诸家外，十之八九，皆极无聊赖之词。甚矣，人之贵耳贱目也！

三五

梅溪、梦窗、玉田、草窗、西麓诸家，词虽不同，然同失之肤浅。虽时代使然，亦其才分有限也。近人弃周鼎而宝康瓠，实难索解。

三六

余友沈昕伯（纮）自巴黎寄余《蝶恋花》一阕云："帘外东风随燕到。春色东来，循我来时道。一霎围场生绿草，归迟却怨春来早。锦绣一城春水绕。庭院笙歌，行乐多年少。著意来开孤客抱，不知名字闲花鸟。"此词当在晏氏父子间，南宋人不能道也。

三七

"君王枉把平陈业，换得雷塘数亩田。"政治家之言也。"长陵亦是闲丘陇，异日谁知与仲多？"诗人之言也。政治家之眼，域于一人一事。诗人之眼，则通古今而观之。词人观物，须用诗人之眼，不可用政治家之眼。故感事、怀古等作，当与寿词同为词家所禁也。

三八

宋人小说，多不足信。如《雪舟脞语》谓：台州知府唐仲友眷官伎严蕊奴。朱晦庵系治之。及晦庵移去，提刑岳霖行部至台，蕊乞自便。岳问曰：去将安归？蕊赋《卜算子》词云"住也如何住"云云。案此词系仲友戚高宣教作，使蕊歌以侑觞者，见朱子《纠唐仲友奏牍》。则《齐东野语》所纪朱、唐公案，恐亦未可信也。

三九

《沧浪》《凤兮》二歌，已开楚辞体格。然楚辞之最工者，推屈原、宋玉，而后此之王褒、刘向之词不与焉。五古之最工者，实推阮嗣宗、左太冲、郭景纯、陶渊明，而前此曹、刘，后此陈子昂、李太白不与焉。词之最工者，实推后主、正中、永叔、少游、美成,而后此南宋诸公不与焉。

四〇

唐、五代之词,有句而无篇。南宋名家之词,有篇而无句。有篇有句,唯李后主降宋后之作及永叔、子瞻、少游、美成、稼轩数人而已。

四一

唐、五代、北宋之词家,倡优也。南宋后之词家,俗子也。二者其失相等。但词人之词,宁失之倡优,不失之俗子。以俗子之可厌,较倡优为甚故也。

四二

《蝶恋花》"独倚危楼"一阕,见《六一词》,亦见《乐章集》。余谓:屯田轻薄子,只能道"奶奶兰心蕙性"耳。

四三

读《会真记》者,恶张生之薄倖,而恕其奸非。读《水浒传》者,恕宋江之横暴,而责其深险。此人人之所同也。故艳词可作,唯万不可作俊薄语。龚定庵诗云:"偶赋凌云偶倦飞。偶然闲慕遂初衣。偶逢锦瑟佳人问,便说寻春为汝归。"其人之凉薄无行,跃然纸墨间。余辈读耆卿、伯可词,亦有此感。视永叔、希文小词何如耶?

四四

词人之忠实,不独对人事宜然。即对一草一木,亦须有忠实之意,否则所谓游词也。

四五

读《花间》《尊前集》,令人回想徐陵《玉台新咏》。读《草堂诗余》,令人回想韦谷《才调集》。读朱竹垞《词综》,张皋文、董子远《词选》,令人回想沈德潜《三朝诗别裁集》。

四六

明季国初诸老之论词,大似袁简斋之论诗,其失也,纤小而轻薄。竹垞以降之论词者,大似沈规愚,其失也,枯槁而庸陋。

四七

东坡之旷在神,白石之旷在貌。白石如王衍口不言阿堵物,而暗中为营三窟之计,此其所以可鄙也。

四八

"纷吾既有此内美兮,又重之以修能。"文字之事,于此二者,不能缺一。然词乃抒情之作,故尤重内美。无内美而但有修能,则白石耳。

四九

诗人视一切外物,皆游戏之材料也。然其游戏,则以热心为之,故诙谐与严重二性质,亦不可缺一也。

(1908—1909年作,王国维生前未发表或删手稿)

人间词话附录

一

蕙风词小令似叔原,长调亦在清真、梅溪间,而沈痛过之。彊村虽富丽精工,犹逊其真挚也。天以百凶成就一词人,果何为哉!

二

蕙风《洞仙歌》秋日游某氏园及《苏武慢》寒夜闻角二阕,境似清真,集中他作,不能过之。

三

彊村词,余最赏其《浣溪沙》"独鸟冲波去意闲"二阕,笔力峭拔,非他词可能过之。

四

蕙风《听歌》诸作，自以《满路花》为最佳。至《题香南雅集图》诸词，殊觉泛泛，无一言道著。

五

（皇甫松）词，黄叔旸称其《摘得新》二首，为有达观之见。余谓不若《忆江南》二阕，情味深长，在乐天、梦得上也。

六

端己词情深语秀，虽规模不及后主、正中，要在飞卿之上。观昔人颜、谢优劣论可知矣。

七

（毛文锡）词比牛、薛诸人，殊为不及。叶梦得谓："文锡词以质直为情致，殊不知流于率露。诸人评庸陋词者，必曰：此仿毛文锡之《赞成功》而不及者。"其言是也。

八

（魏承班）词逊于薛昭蕴、牛峤，而高于毛文锡，然皆不如王衍。五代词以帝王为最工，岂不以无意于求工欤。

九

（顾）敻词在牛给事、毛司徒间。《浣溪沙》"春色迷人"一阕，亦见《阳春录》。与《河传》《诉衷情》数阕，当为敻最佳之作矣。

一〇

（毛熙震）周密《齐东野语》称其词新警而不为儇薄。余尤爱其《后庭花》，不独意胜，即以调论，亦有隽上清越之致，视文锡蔑如也。

一一

（阎选）词唯《临江仙》第二首有轩翥之意，余尚未足与于作者也。

一二

昔沈文悫深赏（张）泌"绿杨花扑一溪烟"为晚唐名句。然其词如"露浓香泛小庭花"，较前语似更幽艳。

一三

（孙光宪词）昔黄玉林赏其"一庭疏雨湿春愁"为古今佳句。余以为不若"片帆烟际闪孤光"，尤有境界也。

一四

（周清真）先生于诗文无所不工，然尚未尽脱古人蹊径。平生著述，自以乐府为第一。词人甲乙，宋人早有定论。惟张叔夏病其意趣不高远。然北宋人如欧、苏、秦、黄，高则高矣，至精工博大，殊不逮先生。故以宋词比唐诗，则东坡似太白，欧、秦似摩诘，耆卿似乐天，方回、叔原则大历十子之流。南宋惟一稼轩可比昌黎。而词中老杜，则非先生不可。昔人以耆卿比少陵，犹为未当也。

一五

（清真）先生之词，陈直斋谓其多用唐人诗句櫽栝入律，浑然天成。张玉田谓其善于融化诗句，然此不过一端。不如强焕云："模写物态，曲尽其妙。"为知言也。

一六

山谷云："天下清景，不择贤愚而与之，然吾特疑端为我辈设。"诚哉是言！抑岂独清景而已，一切境界，无不为诗人设。世无诗人，即无此种境界。夫境界之呈于吾心而见于外物者，皆须臾之物。惟诗人能以此须臾之物，镌诸不朽之文字，使读者自得之。遂觉诗人之言，字字为我心中所欲言，而又非我之所能自言，此大诗人之祕妙也。境界有二：有诗人之境界，有常人之境界。诗人之境界，惟诗人能感之而能写之，故读其诗者，亦高举远慕，有遗世之意。而亦有得有不得，且得之者亦各有深浅焉，若夫悲欢离合、羁旅行役之感，常人皆能感之，而惟诗人能写之。故其入于人者至深，而行与世也尤广。（清真）先生之词，属于第二种为多。故宋时别本之多，他无与匹。又和者三家。注者二家。（强焕本亦有注，见毛跋）自士大夫以至妇人女子，莫不知有清真，而种种无稽之言，亦由此以起。然非入人之深，乌能如是耶？

一七

楼忠简谓（清真）先生妙解音律，惟王晦叔《碧鸡漫志》谓："江南某氏者，解音律，时时度曲。周美成与有瓜葛。每得一解，即为制词。故周集中多新声。"则集中新曲，非尽自度。然顾曲名堂，不能自已，固非不知音者。故先生之词，文字之外，须兼味其音律。惟词中所注宫调，不出教坊十八调之外。则其音非大晟乐府之新声，而为隋、唐以来之燕乐，固可知也。今其声虽亡，读其词者，犹觉拗怒之中，自饶和婉。曼声促节，繁会相宜；清浊抑扬，辘轳交往。两宋之间，一人而已。

一八

（《云谣集杂曲子》）天仙子词特深峭隐秀，堪与飞卿、端己抗行。

一九

（王）以凝词句法精壮，如和虞彦恭寄钱逊升（当作"叔"）《蓦山溪》一阕、重午登霞楼《满庭芳》一阕、舣舟洪江步下《浣溪沙》一阕，绝无南宋浮艳虚薄之习。其他作亦多类是也。

二〇

有明一代，乐府道衰。《写情》《扣舷》，尚有宋、元遗响。仁、宣以后，兹事几绝。独文愍（夏言）以魁硕之才，起而振之。豪壮典丽，与于湖、剑南为近。

二一

王君静安将刊其所为《人间词》，诒书告余曰："知我词者莫如子，叙之亦莫如子宜。"余与君处十年矣，比年以来，君颇以词自娱。余虽不能词，然喜读词。每夜漏始下，一灯荧然，玩古人之作，未尝不与君共。君成一阕，易一字，未尝不以讯余。既而暌离，苟有所作，未尝不邮以示余也。然则余于君之词，又乌可以无言乎？夫自南宋以来，斯道之不振久矣！元、明及国初诸老，非无警句也。然不免乎局促者，气困于雕琢也。嘉、道以后之词，非不谐美也。然无救于浅薄者，意竭于摹拟也。君之于词，于五代喜李后主、冯正中，于北宋喜永叔、子瞻、少游、美成，于南宋除稼轩、白石外，所嗜盖鲜矣。尤痛诋梦窗、玉田。谓梦窗砌字，玉田叠句。一雕琢，一敷衍。其病不同，而同归于浅薄。六百年来词之不振，实自此始。其持论如此。及读君自所为词，则诚往复幽咽，动摇人心。快而沈，直而能曲。不屑屑于言词之末，而名句间出，殆往往度越前人。至其言近而指远，意决而辞婉，自永叔以后，殆未有工如君者也。君始为词时，亦不自意其至此，而卒至此者，天也，非人之所能为也。若夫观物之微，托兴之深，则又君诗词之特色。求之古代作者，罕有伦比。呜呼！不胜古人，不足以与古人并，君其知之矣。世有疑余言者乎，则何不取古人之词，与君词比类而观之也？光绪丙午三月，山阴樊志厚叙。

二二

去岁夏，王君静安集其所为词，得六十余阕，名曰《人间词甲稿》，余既叙而行之矣。今冬，复汇所作词为《乙稿》，丐余为之叙。余其敢辞。乃称曰：文学之事，其内足以摅己，而外足以感人者，意与境二者而已。上焉者意与境浑，其次或以境胜，或以意胜。苟缺其一，不足以言文学。原夫文学之所以有意境者，以其能观也。出于观我者，意余于境。而出于观物者，境多于意。然非物无以见我，而观我之时，又自有我在。故二者常互相错综，能有所偏重，而不能有所偏废也。文学之工不工，亦视其意境之有无，与其深浅而已。自夫人不能观古人之所观，而徒学古人之所作，于是始有伪文学，学者便之，相尚以辞，相习以模拟，遂不复知意境之为何物，岂不悲哉！苟持此以观古今人之词，则其得失，可得而言焉。

温、韦之精艳，所以不如正中者，意境有深浅也。《珠玉》所以逊《六一》，《小山》所以愧《淮海》者，意境异也。美成晚出，始以辞采擅长，然终不失为北宋人之词者，有意境也。南宋词人之有意境者，惟一稼轩，然亦若不欲以意境胜。白石之词，气体雅健耳。至于意境，则去北宋人远甚。及梦窗、玉田出，并不求诸气体，而惟文字之是务，于是词之道熄矣。自元迄明，益以不振。至于国朝，而纳兰侍卫以天赋之才，崛起于方兴之族。其所为词，悲凉顽艳，独有得于意境之深，可谓豪杰之士，奋乎百世之下者矣。同时朱、陈，既非劲敌，后世项、蒋，尤难鼎足。至乾、嘉以降，审乎体格韵律之间者愈微，而意味之溢于字句之表者愈浅。岂非拘泥文字，而不求诸意境之失欤？抑观我观物主事自有天在，固难期诸流俗欤？余与静安，均夙持此论。静安之为词，真能以意境胜。夫古今人词之以意胜者，莫若欧阳公。以境胜者，莫若秦少游。至意境两浑，则惟太白、后主、正中数人足以当之。静安之词，大抵意深于欧，而境次于秦。至其合作，如《甲稿·浣溪沙》之"天末同云"、《蝶恋花》之"昨夜梦中"、《乙稿·蝶恋花》之"百尺朱楼"等阕，皆意境两忘，物我一体。高蹈乎八荒之表，而抗心乎千秋之间。骎骎乎两汉之疆域，广于三代，贞观之政治，隆于武德矣，方之侍卫，岂徒伯仲。此固君所得于天者独深，抑岂非致力于意境之效也。至君词之体裁，亦与五代、北宋为近。然君词之所以为五代、北宋之词者，以其有意境在。若以其体裁故，而至遽指为五代、北宋，此又君之不任受。固当与梦窗、玉田之徒，专事摹拟者，同类而笑之也。光绪三十三年十月，山阴樊志厚叙。（按：此二序虽为观堂手笔，而命意实出自樊氏。观堂废稿中曾引樊氏之语，而樊氏所赏诸词，《观堂集林》亦不尽入选，可证也。）

二三

欧公《蝶恋花》"面旋落花"云云，字字沈响，殊不可及。

二四

《片玉词》"良夜灯光簇如豆"一首，乃改山谷《忆帝京》词为之者，似屯田最下之作，非美成所宜有也。

二五

温飞卿《菩萨蛮》："雨后却斜阳，杏花零落香。"少游之"雨余芳草斜阳。杏花零落（当作'乱'）燕泥香"，虽自此脱胎，而实有出蓝之妙。

二六

白石尚有骨,玉田则一乞人耳。

二七

美成词多作态,故不是大家气象。若同叔、永叔虽不作态,而一笑百媚生矣。此天才与人力之别也。

二八

周介存谓白石以诗法入词,门径浅狭,如孙过庭书,但便后人模仿。予谓近人所以崇拜玉田,亦由于此。

二九

予于词,五代喜李后主、冯正中而不喜《花间》。宋喜同叔、永叔、子瞻、少游而不喜美成。南宋只爱稼轩一人,而最恶梦窗、玉田。介存《词辨》所选词,颇多不当人意。而其论词则多独到之语。始知天下固有具眼人,非予一人之私见也。

(由徐孚调、陈乃乾从王国维遗著中辑集而成)

人间词话拾遗

一

余填词不喜作长调,尤不喜用人韵。偶尔游戏,作《水龙吟》咏杨花用质夫、东坡倡和韵,作《齐天乐》咏蟋蟀用白石韵,皆有与晋代兴之意。余之所长殊不在是,世之君子宁以他词称我。

二

樊抗夫谓余词如《浣溪沙》之"天末同云"、《蝶恋花》之"昨夜梦中""百尺朱楼""春到临春"等阕,凿空而道,开词家未有之境。余自谓才不若古人,但于力争第一义处,古人亦不如我用意耳。

三

叔本华曰:"抒情诗,少年之作也;叙事诗及戏曲,壮年之作也。"余谓：抒情诗，国民幼稚时代之作；叙事诗，国民盛壮时代之作也。故曲则古不如今（元曲诚多天籁，然其思想之陋劣，布置之粗笨，千篇一律，令人喷饭。至本朝之《桃花扇》《长生殿》诸传奇，则进矣），词则今不如古。盖一则以布局为主，一则须伫兴而成故也。

四

"岂不尔思，室是远而。"孔子讥之。故知孔门而用词，则牛峤之"甘作一生拼，尽君今日欢"等作，必不在见删之数。（按，此条原已删去。）

五

"暮雨潇潇郎不归"，当是古词，未必即白傅所作。故白诗云"吴娘夜雨潇潇曲，自别苏州更不闻"也。（按，此条原已删去。）

六

贺黄公裳《皱水轩词筌》云："张玉田《乐府指迷》其调叶宫商，铺张藻绘抑亦可矣，至于风流蕴藉之事，真属茫茫。如啖官厨饭者，不知牲牢之外别有甘鲜也。"此语解颐。

七

周保绪济《词辨》云："玉田，近人所最尊奉，才情诣力亦不后诸人，终觉积谷作米、把缆放船，无开阔手段。"又云："叔夏所以不及前人处，只在字句上著功夫，不肯换意。""近人喜学玉田，亦为修饰字句易，换意难。"

八

毛西河《词话》谓：赵德麟令畤作《商调鼓子词》谱西厢传奇，为杂剧之祖。然《乐府雅词》卷首所载秦少游、晁补之、郑彦能（名仅）《调笑转踏》，首有致语，末有放队，每调之前有口号诗，甚似曲本体例。无名氏《九张机》亦然。至董颖《道宫薄媚》大曲咏西子事，凡十支曲，皆平仄通押，则竟是套曲。此可与《弦索西厢》同为曲家之荦荦。曾氏置诸《雅词》卷首，所以别之于词也。颖字仲达，绍兴初人，从汪彦章、徐师川游，彦章为作《字说》。见《书录解题》。（按，此条原已删去。）

九

宋人遇令节、朝贺、宴会、落成等事，有"致语"一种。宋子京、欧阳永叔、苏子瞻、陈后山、文宋瑞集中皆有之。

《啸余谱》列之于词曲之间。其式：先"教坊致语"（四六文），次"口号"（诗），次"勾合曲"（四六文），次"勾小儿队"（四六文），次"队名"（诗二句），次"问小儿""小儿致语"，次"勾杂剧"（皆四六文），次"放队"（或诗或四六文）。若有女弟子队，则勾女弟子队如前。其所歌之词曲与所演之剧，则自伶人定之。少游、补之《调笑》乃并为之作词。元人杂剧乃以曲代之，曲中楔子、科白、上下场诗犹是致语、口号、勾队、放队之遗也。此程明善《啸余谱》所以列"致语"于词曲之间者也。（按，此条原已删去。）

一〇

明顾梧芳刻《尊前集》二卷，自为之引。并云：明嘉禾顾梧芳编次。毛子晋刻《词苑英华》疑为梧芳所辑。朱竹垞跋称：吴下得吴宽手钞本，取顾本勘之，靡有不同，固定为宋初人编辑。《提要》两存其说。按《古今词话》云："赵崇祚《花间集》载温飞卿《菩萨蛮》甚多，合之吕鹏《尊前集》不下二十阕。"今考顾刻所载飞卿《菩萨蛮》五首，除《咏泪》一首外，皆《花间》所有，知顾刻虽非自编，亦非复吕鹏所编之旧矣。《提要》又云："张炎《乐府指迷》虽云唐人有《尊前》《花间集》，然《乐府指迷》真出张炎与否，盖未可定。陈直斋《书录解题》'歌词类'以《花间集》为首，注曰：此近世倚声填词之祖，而无《尊前集》之名。不应张炎见之而陈振孙不见。"然《书录解题》"阳春集"条下引高邮崔公度语曰："《尊前》《花间》往往谬其姓氏。"公度元（按，原误作"公"）祐间人，《宋史》有传。北宋固有，则此书不过直斋未见耳。

又案：黄升《花庵词选》李白《清平乐》下注云："翰林应制。"又云"案唐吕鹏《遏云集》载，应制词四首，以后二首无清逸气韵，疑非太白所作"云云。今《尊前集》所载太白《清平乐》有五首，岂《尊前集》一名《遏云集》，而四首、五首之不同，乃花庵所见之本略异欤？又，欧阳炯《花间集序》谓："明皇朝有李太白应制《清平乐》四首。"则唐末时只有四首，岂末一首为梧芳所羼入，非吕鹏之旧欤？（按，此条原已删去。）

一一

《提要》载："《古今词语》六卷，国朝沈雄纂。雄字偶僧，吴江人。是编所述上起于唐，下迄康熙中年。"然维见明嘉靖前白口本《笺注草堂诗余》林外《洞仙歌》下引《古今词话》云："此词乃近时林外题于吴江垂虹亭。"（明刻《类编草堂诗余》亦同）案，升庵《词品》云："林外字岂尘，有《洞仙歌》书于垂虹亭畔。作道装，不告姓名，饮醉而去。人疑为吕洞宾。传入宫中。孝宗笑曰：'"云崖洞天无锁"，"锁"与"老"叶韵，则"锁"音"扫"，乃闽音也。'侦问之，果闽人林外也。"

(《齐东野语》所载亦略同。)则《古今词话》宋时固有此书。岂雄窃此书而复益以近代事欤？又，《季沧苇书目》载《古今词话》十卷，而沈雄所纂只六卷，益证其非一书矣。

一二

楚辞之体，非屈子所创也。《沧浪》《凤兮》之歌已与三百篇异，然至屈子而最工。五七律始于齐、梁而盛于唐。词源于唐而大成于北宋。故最工之文学，非徒善创，亦且善因。（按，此条原已删去。）

一三

金朗甫作《词选后序》，分词为"淫词""鄙词""游词"三种。词之弊尽是矣。五代、北宋之词，其失也淫。辛、刘之词，其失也鄙。姜、张之词，其失也游。

静庵诗稿（节选）

杂诗（戊戌四月）

飘风自北来，吹我中庭树。乌鸟覆其巢，向晦归何处？西山扬颓光，须臾复霾雾。翛翛长夜间，漫漫不知曙。旨蓄既以罄，桑土又云腐。欲从鸿鹄翔，铩羽不能遽。阴阳陶万汇，温溧固有数。亮无未雨谋，苍苍何喜怒。

美人如桃李，灼灼照我颜。贻我绝代宝，昆山青琅玕。一朝各千里，执手涕泛澜。我身局斗室，我魂驰关山。神光互离合，咫尺不得攀。惜哉此瑰宝，久弃巾箱间。日月如矢激，倏忽鬓毛斑。我诵《唐棣》诗，愧恧当奚言。

豫章生七年，荏染不成株。其上蠹梗楠，郁郁干云衢。匠石忽惊视，谓与凡材殊。诘朝事斤斧，浃辰涂丹朱。明堂高且严，佚荡天人居。虹梁抗日月，菡萏纷披敷。顾此豫章苗，谓为中樽栌。付彼拙工辈，刻削失其初。柯干未云坚，不如栎与樗。中道失所养，幽怨当何如？

嘉兴道中（己亥）

舟入嘉兴郭，清光拂客衣。朝阳承月上，远树与星稀。岁富多新筑，潮平露旧矶。如闻迎大府，河上有旌旗。

八月十五夜月

一餐灵药便长生，眼见山河几变更。留得当年好颜色，嫦娥底事太无情？

红豆词

南国秋深可奈何，手持红豆几摩挲。累累本是无情物，谁把闲愁付与他？

门外青骢郭外舟，人生无奈是离愁。不辞苦向东风祝，到处人间作石尤。

别浦盈盈水又波，凭栏渺渺思如何？纵教踏破江南种，只恐春来茁更多。

匀圆万颗争相似，暗数千回不厌痴。留取他年银烛下，拈来细与话相思。

书古书中故纸（癸卯）

昨夜书中得故纸，今朝随意写新诗。长绢箧底终无恙，比入怀中便足奇。黯淡谁能知汝恨，沾涂亦自笑余疾。书成付与炉中火，了却人间是与非。

端居

端居多暇日，自与尘世疏。处处得幽赏，时时读异书。高吟惊户牖，清淡霏琼琚。有时作儿戏，距跃绕庭除。角力不耻北，说隐自忘愚。虽惭云中鹤，终胜辕下驹。如此胡不乐，问君意何如？

阳春煦万物，嘉树自敷荣。枳棘茁其旁，既锄还复生。我生三十载，役役苦不平。如何万物长，自作牺与牲？安得吾丧我，表里洞澄莹。纤云归大壑，皓月行太清。不然苍苍者，褫我聪与明。冥然逐嗜欲，如蛾赴寒檠。何为方寸地，矛戟森纵横？闻道既未得，逐物又未能。衮衮百年内，持此欲何成！

孟夏天气柔，草木日夕长。远山入吾庐，顾影自骀荡。晴川带芳甸，十里平如掌。时与二三子，披草越林莽。清旷淡人虑，幽蒨遗世网。归来倚小阁，坐待新月上。渔火散微星，暮钟发疏响。高谈达夜分，往往入遐想。咏此聊自娱，亦以示吾党。

嘲杜鹃

去国千年万事非,蜀山回首梦依稀。自家惯作他乡客,犹自朝朝劝客归。

干卿何事苦依依,尘世犹来爱别离。岁岁天涯啼血尽,不知催得几人归?

抃飞

抃飞懒逐九秋雕,孤耿真成八月蜩。偶作山游难尽兴,独寻僧话亦无聊。欢场只自增萧瑟,人海何由慰寂寥。不有言愁诗句在,闲愁那得暂时消。

来日二首

来日滔滔来,去日滔滔去。适然百年内,与此七尺遇。尔从何处来,行将徂何处?扶服径幽谷,途远日又暮。霅然一罅开,熹微知天曙。便欲从此逝,荆棘窘余步。税驾知何所,漫漫就前路。常恐一掷中,失此黄金注。我力既云痡,哲人倘见度。瞻望弗可及,求之缣与素。

宇宙何寥廓,吾知则有涯。面墙见人影,真面固难知。箭籋半在水,本末互参池。持刀斸作矢,劲直固无亏。耳目不足凭，何况胸所思。人生一大梦，未审觉何时。相逢梦中人，谁为析余疑？吾侪皆肉眼，何用试金筐。

晓步

兴来随意步南阡，夹道垂杨相带妍。万木沉酣新雨后，百昌苏醒晓风前。四时可爱唯春日，一事能狂便少年。我与野鸥申后约，不辞旦旦冒寒烟。

秀州

看月不知清夜长，归桡渐入秀州乡。天边远树山千叠，风里垂杨态万方。一自名园窜狐兔，至今渌水少鸳鸯。不须为唱梅村曲，芳草萋萋自断肠。

偶成

文章千古事，亦与时枯荣。并世盛作者，人握灵蛇珠。朝菌媚初日，容色非不腴。飘风夕以至，零落委泥涂。且复舍之去，周流观石渠。蔽亏东观籍，繁会南郭竽。譬如贰负尸，桎梏南山隅。恒干块犹存，精气荡无余。小子懵无状，亦复事操觚。自忘宿瘤质，揽镜学施朱。东家与西舍，假得紫罗襦。主者虽不索，跬步终赵趄。且当养毛羽，勿作南溟图。

九日游留园

朝朝吴市踏红尘，日日萧斋兀欠伸。到眼名园初属我，出城山色便迎人。奇峰颇欲作人立，乔木居然阅世新。忍放良辰等闲过，不辞归路雨沾巾。

出门

出门惘惘知奚适，白日昭昭未易昏。但解购书那计读，且消今日敢论旬？百年顿尽追怀里，一夜难为怨别人。我欲乘龙问羲叔，两般谁幻又谁真？

过石门

我行迫季冬，及此风雨夕。狂飙掠舷过，声声如裂帛。后船紧呼号，似闻楼橹折。孤怀不能寐，高枕听淅沥。须臾风雨止，微光漏舷隙。悠然发清兴，起坐岸我帻。片月挂东村，垂垂两岸白。小松如人长，离离四五尺。老桑最丑怪，亦复可怡悦。疏竹带轻飔，摇摇正秀绝。生平几见汝，对面若不识。今夕独何夕，著意媚孤客。非徒豁双眸，直欲奋六翮。此顷能百年，岂惜长行役。

留园玉兰花（乙巳）

庭中新种玉兰树，枝长干短花无数。灿如幼女冠六珈，踯躅墙阴不能步。今朝送客城西隅，留园名花天下无。拔地扶疏三四丈，倚天绰约百余株。我上东楼频目极，楼西花海花西日。海上银涛突兀来，日边瑶阙参差出。南圃辛夷亦已花，雪山缺处露朝霞。闲凭危槛久徙倚，眼底层层生绛纱。窈窕吴娘自矜许，却来花底羞无语。直令椒麝黯无香，坐使红颜色消沮。将归小住更凝眸，暝色催人不可留。归来径卧添愁怅，万花倒插藻井上。

五月二十三夜出阊门驱车至觅渡桥

小斋竟日兀营营，忽试霜蹄四马轻。萤火时从风里堕，雉垣偏向电边明。静中观我原无碍，忙里哦诗却易成。归路不妨冒雷雨，兹游快绝冠平生。

将理归装，得马湘兰画幅，喜而赋此

旧苑风流独擅场，土苴当日睨侯王。书生归舸真奇绝，载得金陵马四娘。

小石丛兰别样清，朱丝细字亦精神。君家宰相成何事，羞杀千秋冯玉英。（马士英善绘事，其遗墨流传人间者，世人丑之，往往改其名为冯玉英云。）

观堂集林（节选）

观红叶一绝句

漫山填谷涨红霞，点缀残秋意太奢。若问蓬莱好风景，为言枫叶胜樱花。

昔游

端居爱山水，懒性怯游观。同游畏俗客，独游兴易阑。行役半九州，所历多名山。舟车有程期，筋力愁跻攀。穷幽岂不快，资想讵足欢。亦思追昔游，揽笔空汗颜。

我本江南人，能说江南美。家家门系船，往往阁临水。兴来即命棹，归去辄隐几。远浦见萦回，通川流浼弥。春融弄骀荡，秋爽呈清泚。微风葭菼外，明月荇藻底。波暖散凫鹥，渊深跃鳏鲤。枯槎渔网挂，别浦菱歌起。何处无此境，吴会三千里。

西湖天下胜，春日四序最。我行直暮春，山路雨初霁，言从金沙港，步至云林寺。山川气苏醒，卉木昼融泄。老干缀新绿，丛篁积深翠。林际荡湖光，石根漱寒濑。新莺破寂寥，时出高柳外。兹游犹在眼，流水十年事！

二年客吴郡，所爱郡西山。买舟出西郭，清光照我颜。东风开垂柳，一一露烟鬟。远望殊无厌，近揽信可餐。天平石尤胜。巧匠穷雕镌。想当洪蒙初，此地朝群仙。尽将白玉笏，插在苍崖巅。仰跻蹬道绝，俯视邱壑妍。谷中颇夷旷，有庐有田园。玉兰数百树，烂漫向晴天。淹留逮日暮，坐见飞鸟还。题名墨尚在，试觅白云间。

大江下岷峨，直走东海畔。我行指夏口，所见多平远。振奇始豫章，往往成壮观。马当若连屏，石脚插江岸。窈窕小姑山，微茫湖口县。回首香炉峰，飞瀑挂天半。玉龙升紫霄，头角没云汉。昏旦变光景，阴晴殊隐现。几时步东林，真见庐山面。

京师厌尘土，终日常掩关。西山朝暮见，五载未一攀。却忆军都游，发兴亦偶然。我来自南口，步步增高寒。两崖积铁立，一径羊肠穿。行人入罾井，羸马蹴流泉。左转弹琴峡，流水声潺潺。夕阳在峰顶，万杏明倚天。暮宿青龙桥，关上月正圆。溶溶银海中，历历群峰巅。我欲从驼纲，北去问居延。明朝入修门，依旧尘埃间。

游仙（乙卯）

金册除书道赐秦，西垂伫见霸图新。已缘获石祠陈宝，更喜吹箫得上真。鹑首山河归版籍，凤台歌吹接星辰。谁知一觉钧天梦，寂寞祈年馆下人。

十赉文成九锡如，三千剑履从云车。临轩自佩黄神印，受箓教披素女书。金检赤文供劾召，云窗露（一作"雾"）阁榜清虚。诙谐叵奈东方朔，苦为虚皇注起居。

劫后穷桑号赤明，眼看天柱向西倾。经霜琪树春前槁，得水神鱼地上行。尽有三山沉北极，可无七圣厄襄城。蓬莱清浅寻常事，银汉何年风浪生？

和巽斋老人《伏日杂诗》四章（丙辰）

春心不可掬，秋思更难量。雨蚁仍争垤，风萤倏过墙。视天殊澶漫，观化苦微茫。《演雅》谁能续，吾将起豫章。

风露危楼角，凭栏思浩然。南流河属地，西柄斗垂天。匡卫中宫斥，棓枪复道缠。为寻甘石问：失纪自何年？

平生子沈子，迟暮得情亲。冥坐皇初意，楼居定后身。精微存口说，顽献付时论。近枉秦州作，篇篇妙入神。

清浅蓬莱水，从君跂一望。无由参玉箓，尚记咏《霓裳》。度世原无术，登真或有方。近传羡门信，双鬓已秋霜。

游仙（丁巳）

　　如盖（一作"荡荡"）青天倚杵低，方流（一作"溶溶"）玉水旋成泥。五山峙海根无著，七圣同车路总迷。员峤自（一作"顿"）沈穷发（一作"方丈"）北，若华还在邓林西。含生总作微禽化，玄鹤飞鸮自不齐。（唐写《修文殿御览》残卷引《纪年》："穆王南征，君子为鹤，小人为飞鸮。"）

苕华词（节选）

如梦令

点滴空阶疏雨，迢递严城更鼓。睡浅梦初成，又被东风吹去。无据，无据，斜汉垂垂欲曙。

浣溪沙

路转峰回出画塘，一山枫叶背残阳。看来浑不似秋光。隔座听歌人似玉。六街归骑月如霜。客中行乐只寻常。

临江仙

过眼韶华何处也？萧萧又是秋声。极天衰草暮云平。斜阳漏处，一塔枕孤城。　　独立荒寒谁语？蓦回头宫阙峥嵘。红墙隔雾未分明。依依残照，独拥最高层。

好事近

夜起倚危楼,楼角玉绳低亚。唯有月明霜冷,浸万家鸳瓦。人间何苦又悲秋,正是伤春罢。却向春风亭畔,数梧桐叶下。

采桑子

高城鼓动兰釭炧,睡也还醒,醉也还醒,忽听孤鸿三两声。人生只似风前絮,欢也零星,悲也零星,都作连江点点萍。

西河

垂杨里,兰舟当日曾系。千帆过尽,只伊人不随书至。怪渠道著我侬心,一般思妇游子。　昨宵梦、分明记,几回飞渡烟水?西风吹断,伴灯花摇摇欲坠。宵深待到凤凰山,声声啼鴂催起。　锦书宛在怀袖底。人迢迢紫塞千里,算是不曾相忆。倘有情早合归来,休寄一纸,无聊相思字。

蝶恋花

谁道江南秋已尽,衰柳毵毵,尚弄鹅黄影。落日疏林光炯炯,不辞立尽西楼暝。　万点栖鸦浑未定,潋滟金波,又冪青松顶。何处江南无此景，只愁没个闲人领。

鹧鸪天

列炬归来酒未醒，六街人静马蹄轻。月中薄雾漫漫白，桥外渔灯点点青。　　从醉里，忆平生，可怜心事太峥嵘。更堪此夜西楼梦，摘得星辰满袖行。

点绛唇

万顷蓬壶，梦中昨夜扁舟去。萦回岛屿，中有舟行路。　　波上楼台，波底层层俯。何人住？断崖如锯，不见停桡处。

踏莎行

绝顶无云，昨宵有雨，我来此地闻天语。疏钟暝直乱峰回，孤僧晓度寒溪去。　　是处青山，前生俦侣，招邀尽入闲庭户。朝朝含笑复含颦，人间相媚争如许。

清平乐

樱桃花底，相见颓云髻。的的银釭无限意，消得和衣浓睡。

当时草草西窗，都成别后思量。料得天涯异日，应思今夜凄凉。

青玉案

姑苏台上乌啼曙，剩霸业，今如许。醉后不堪仍吊古。月中杨柳，水边楼阁，犹自教歌舞。　　野花开遍真娘墓，绝代红颜委朝露。算是人生赢得处。千秋诗料，一抔黄土，十里寒螀语。

满庭芳

水抱孤城，雪开远戍，垂柳点点栖鸦。晚潮初落，残日漾平沙。白鸟悠悠自去，汀洲外、无限蒹葭。西风起、飞花如雪，冉冉去帆斜。　　天涯还忆旧，香尘随马，明月窥车。渐秋风镜里，暗换年华。纵使长条无恙，重来处、攀折堪嗟。人何许，朱楼一角，寂寞倚残霞。

蝶恋花

阅尽天涯离别苦，不道归来，零落花如许。花底相看无一语，绿窗春与天俱莫。　　待把相思灯下诉，一缕新欢，旧恨千千缕。最是人间留不住，朱颜辞镜花辞树。

玉楼春

今年花事垂垂过,明岁花开应更犟。看花终古少年多,只恐少年非属我。　劝君莫厌尊罍大,醉倒且拚花底卧。君看今日树头花,不是去年枝上朵。

减字木兰花

皋兰被径,月底栏干闲独凭。修竹娟娟,风里时闻响佩环。蓦然深省,起踏中庭千个影。依尽人间,一梦钧天只惘然。

鹧鸪天

阁道风飘五丈旗,层楼突兀与云齐。空余明月连钱列,不照红葩倒井披。　频摸索,且攀跻。千门万户是耶非?人间总是堪疑处,惟有兹疑不可疑。

浣溪沙

舟逐清溪弯复弯,垂杨开处见青山,毵毵绿发覆烟鬟。夹岸莺花迟日里,归船箫鼓夕阳间,一生难得是春闲。

临江仙

闻说金微郎戍处，昨宵梦向金微。不知今又过辽西，千屯沙上暗，万骑月中嘶。　　郎似梅花侬似叶，竭来手抚空枝。可怜开谢不同时，漫言花落早，只是叶生迟。

蝶恋花

窈窕燕姬年十五，惯曳长裾，不作纤纤步。众里嫣然通一顾，人间颜色如尘土。　　一树亭亭花乍吐，除却天然，欲赠浑无语。当面吴娘夸善舞，可怜总被腰肢误。

玉楼春

西园花落深堪扫，过眼韶华真草草。开时寂寂尚无人，今日偏嗔摇落早。　　昨朝却走西山道，花事山中浑未了。数峰和雨对斜阳，十里杜鹃红似烧。

点绛唇

暗里追凉，扁舟径掠垂杨过。湿萤火大，一一风前堕。　　坐觉西南，紫电排云破。严城锁，高歌无和，万舫沈沈卧。